부처님 만나서 행복해요

부처님 만나서 행복해요

부처님 만나서 행복해요

도관 스님 감수

문지욱(능인행) 지음

까치원색인쇄사

© 김좌길 흥부암 전경

덧붙이는 글

가야 고찰 홍부암에 경사慶事가 났다. 이곳에서 20여 년간 신행활동을 해온 능인행 문지욱 보살님이 그간의 신행체험들을 엮어 '부처님 만나서 행복해요' 라는 수기 手記를 펴낸다는 것이다. 그리고 주지소임을 맡은 나에게 덧붙이는 글을 써달라고 부탁해 왔다. 광영이자 부담이 아닐 수 없다. 다행히 초고初稿를 감수監修하면서 내용은 이미 파악한터라 이 글을 대할 독자들이 만나게 될 감동感動과 불심佛心 상승上昇의 시너지synergy를 예감豫感하고 있다.

도道는 일상 속에 있다. 선禪의 본질에서 보면 세상사 모두가 불법佛法이 팔팔하게 드러나 있는 법의 현장이다. 부대사傅大師는 『행로난行路難』에서 "불성佛性의 온 모습이 바로 눈앞에서 펼쳐지고 있다(全體現前)"고 했고, 마조馬祖 스님은 "평상시平常時 마음이 도(平常心是道)"라 했다. 장작 패고 나물 캐는 일상생활에 도가 있다는 말이다. 진리는 평범하다. 그것은 밥 먹고 세수하고 일하는 데에 있지, 다른 세상에 있는 것이 아니라는 것이다. 진리는 우리의 앞에도 옆에도 뒤에도 어디에나 현전現前해 있다. 이 살아 있는 삶의 현장을 떠나 따로 도가 없기에 일상 속에서 정진하는 것이 수행의 바른 길이다.

서산西山 선사의 말씀은 이러한 수행 경지를 잘 보여주고 있다.

배고프면 밥을 먹고 곤하면 잠을 자네.
맑은 물 푸른 산을 내 멋대로 오가고
어촌과 주막거리도 내 집인 양 편하구나.
세월이 가나오나 내 알 바 아니건만
봄이 오니 예전처럼 풀잎 다시 푸르네.

운문 문언雲門文偃(864~949) 선사도 말한다.

현전하고 있는 큰 작용에는 특별한 법칙이 없다.
두두물물 모든 것이 진리가 드러난 모습이다.

선사禪師의 말씀은 "현실에 있는 현상세계 그대로가 공안公案"이라는 말씀이다. 일상과 진리의 세계는 둘이 아니다. 다만 착각에 빠져 둘로 나뉘어 있는 것처럼 보일 뿐이다. 화두話頭 공부는 바로 이 둘로 나누기 이전의 자리로 돌아가는 것이다. 그래서 대혜 선사는 일상 속에서 어떤 일을 하든 끊임없이 화두를 들어야 한다고 했던 것이다. 분주한 일상생활에서 화두를 놓치지 않고 간절히 수행해 나간다면 삶의 현장이 바로 극락세계임을 알게 될 것이다.

1초가 쌓여 1분이 되고, 1분이 1시간이 되고, 1시간이 하루가 되고, 하루가 일주일이 되고, 일주일이 한 달이 되고, 한 달이 일 년이 되고, 일 년이 쌓여 일생이 된다. 다시 말해 찰라 간에 모든 것이 생성되고 소멸됨을 알 수 있다. 우리가 그 찰라 속에 무엇을 담아내고 있느냐가 자신의 삶을 온전하게 끌고 가는 관건이 된다는 것이다.

　　문보살의 신앙 수기는 '평상심시도'를 감지感知할 수 있는 논픽션의 감동이 생생하다. 우리가 드라마나 영화, 소설 등과 같은 가상假想으로 지어낸 허구虛構의 이야기를 접하고도 감동과 여운이 여실한데 이 책에 담긴 내용들은 자신의 신앙체험과 내면 성찰의 결과물이기에 더욱 그러하다.

　　흥부암 소개로부터 시작한 이 책에서 시아버지와 마지막 대화는 코끝이 시리게 하며, 불심에 의지해 증조부모 묘소 소유권 재판을 승소勝訴한 사연, 어릴 적 길 가던 한 도인이 던진 한 마디가 자신의 삶을 이끌어 준 것이며, 남편을 죽일 뻔한 사람이 보내온 편지 한 장에 그를 앞장서서 용서한 사연, 연지공원에서 만난 할머니와의 인연을 계기로 사회봉사 활동에 참여하게 된 일이며, 봉정암에서 기도할 때 물을 건네준 분의 고마움을 아직도 잊지 못하는 등 그의 마음에 편린들이 가득 담겨있다.

　　불교의 상징 꽃인 연꽃도 그 중 하나인 수생식물水生植物을 오염된 물에 옮겨 심어 놓으면 그 주변부터 물이 정화淨化가 된다고 한다. '부처님 만나서 행복해요'가 수생

식물들이 오염된 주변을 정화하듯 이웃들의 마음을 맑고 밝게 이끌어 주리라 믿고 있다. 아무리 좋은 것이 있다 하더라도 그것을 취하여 자신의 것으로 만들지 않는다면 아무 소용이 없다. 부디 열린 마음으로 문보살님의 마음에 향기를 이 가을에 함께 음미해 보기를 권한다.

바램을 덧붙이면 도량에서 마음을 쓰는 문보살님에게 부처님의 한량없는 가피加被가 늘 함께하여 지금의 정진 자세가 흐트러지지 않고 늘 환희심 넘치는 나날로 이어지기를 발원한다.

다시 한 번 축하의 말씀을 전하며, 이 책을 통해 독자 여러분의 신심도 더한층 고취되기를 바란다. 부디 여러분 모두 더욱 정진하여 날마다가 좋은 날 되시고 그 기쁨이 이웃들에게 향기롭게 회향回向되기를 빌며, '행복할 때는 행복에 매달리지 말라' 하신 법정스님의 말씀으로 글을 맺는다.

불기 2554년 10월 좋은 날
흥부암 주지 **도 관** 합장

글을 시작하면서

부처님 가피로 시작하는 삶에도 세월은 유수와 같이 흘렀다.

30년 전 나이 겨우 이십대 초반, 철없고 지혜마저 부족했던 시절에 나는 한적한 시골의 경주 최 씨 맏며느리가 되었다.

당시 시댁의 집안 상황은 위로는 고령의 시조모님이 계셨고, 시어머님은 내가 맏며느리로 결혼 할 당시 건강이 좋지 않아 시조모님이 가정살림을 도맡아 이끌어 가시던 중 얼마 지나지 않아 병환으로 시어머님은 세상을 떠나셨다.

이로 인한 충격과 중년이라는 나이에 접어든 시아버님은 약주로 세월을 보내면서 짝 잃은 외기러기처럼 삶의 중심방향을 잃고 외로운 세월의 나날을 보내고 계셨지

만, 그 시절 철없던 나는 이를 지켜만 볼뿐 어떤 방책이
나 해결책을 찾지는 못했다.

시아버님은 젊은 나이에 나라로부터 군 입대 명령을
받아 군 복무 중, 지난 1950년 6·25전쟁에 참전하면서
오른쪽 팔목에 총상을 입고 그 부상으로 신경이 마비되
어 오른손 손가락 전체를 오므린 채, 펴지 못하는 장애
인으로서의 한 평생을 살면서 그 후유증으로 불편하고
아픈 몸을 이끌고 시골에서 농사와 한 집안의 가장으로
서 역할을 다 하면서 평생을 나름대로 충실히 살아오신
분이셨다.

그런 시아버님은 아내를 잃은 외로운 밤이면 늘 약주
로 세월을 보내고 자신의 신세를 한탄하면서 자신의 기
대와 희망의 아쉬움을 한탄하며 나날을 보내고 계셨다.

철없던 며느리인 나는 "아버님이 약주만 드시면 왜 그
러실까"하고 참으로 불편하고 이해를 하지 못하였다.

이제와 생각해보니 잠을 제대로 이루지 못 한 것은 당
시 아버님은 우울증을 앓고 계셨던 것이었는데, 집안 식
구들은 술버릇으로만 여겨 약주를 드시면 늘 그렇다고

몰아 세웠던 것이다. 이런 삭막한 분위기와 가난한 가정 환경을 극복해야만 했던 며느리인 나는 그냥 지켜만 봐 온 것이다.

이러한 힘든 시기에 우연히 절에 가는 계기가 되어, 대웅전의 부처님을 향해 합장을 하면서 내 마음은 부처님을 의지하게 되었다. 나에게 이러한 환경을 믿음과 신앙의 힘으로 지혜와 용기를 선물해 주신 거룩하신 부처님이 계셨기에 평온을 찾을 수 있는 행복의 열쇠를 주신 것이다.

경인년 10월
문지욱 합장

차례

쉰여섯 돌계단을 헤아려 가며 올랐다는
그 노 보살님의 노후는 아름다웠다.

흥부암에서 삼일 밤은 영원한 안식처가 되었다

임호산 흥부암 도량에 다니게 된 인연은 신혼 초로 거슬러 올라간다.

신혼 초 남편이 직장에서 돌아와 쉬는 날이면, 집에서 가까운 맞은편 야산 중턱에 조그마한 암자가 눈에 바로 들어와 운동 겸 산책을 하자고 하여 별 생각 없이 따라가 보았다. 지금은 도심의 한복판에 위치하고 있으나 그 당시 도심이 들어서기 전으로 한적한 야산에 위치한 암자였다.

그 당시 흥부암은 의문의 화재로 전소하여 수 년 전 복원공사 하여 오늘에 이르고 있으며, 화재가 나기 전 흥부암의 가람배치와는 다소 차이가 난다. 공양간(식당)은 현재 종무소 자리에 있었다. 공양간 뒤에 우물 샘이 있었으며, 바위틈에서 흘러내리는 석수가 고여 적은 물이

지만, 그 물을 퍼서 부엌에서 사용하고 식수로도 사용하였다.

산신각과 종각의 위치도 그 당시 대웅전 바로 옆에 있었으나, 현재의 위치로 옮겨 불사하였고, 명부전도 새로 불사하였다. 나무 연료로 밥을 짓고 아궁이에 불을 지피다 보니 불기운과 연기로 부엌이 검게 그을려 있고 방 아랫목도 장판지가 타서 누렇게 물들어 있었다.

절에 기거하시던 노 보살님들이 덮는 이불은 손때가 묻어 거무스레하였다. 그래도 우리는 그 이불사이로 발을 넣고 노 보살님들로부터 흥부암 절 유래에 대한 말씀을 듣고 신심을 접하면서 집으로 돌아 왔다.

그 이후에도 시간이 나면 가끔씩 우리는 흥부암을 찾아 갔는데, 기도보다는 절의 운치가 좋아서였다. 이런 인연 때문이었는지 삼일 밤을 자게 되는 계기가 있었다.

그 당시 교통수단은 노선버스가 유일했다. 어린 아이를 데리고 김해지역의 면 단위에서 마산과 진주를 경유하여 어르신들이 계시는 시댁까지 이백리 길을 가는데

서너 번의 노선버스를 시간 맞춰서 갈아타야 했다. 이러한 번잡함을 마다 않고 비포장도로를 덜컹거리며 달리는 버스를 타고 왕복 사백리 길을 다녀오면 지쳐서 파김치가 되었다. 그러나 당시 지혜가 부족했던 나는 맏며느리의 본분을 다하려고 시댁을 왕래하면서 집안일을 하였으나, 이러한 힘든 생활을 이해해 주지 못하는 남편이 너무 섭섭하였다. 내가 집을 비우면 남편이 뉘우치고 나를 이해해 주겠지 하는 마음에 안정도 취하고 머리도 잠시 식혀 보려고 집을 나오니, 막상 가고 싶은 친정에는 갈 수가 없었다.

왜냐하면 우리는 중매결혼이었다. 남편과의 결혼은 친구 엄마의 소개로 맞선을 보게 되었는데, 문제는 남편이 선을 본지 한 달 만에 전화로 시골 가는 길이라면서 잠시 얼굴 한 번 보자고 하여 별 생각 없이 약속장소로 갔다가 잠시면 된다고 한 것이 어쩌다 택시를 타고 남편 고향집으로 간 것이었다. 총각 집에서는 처녀가 총각 집에 왔는데 궁합을 보니 좋다며 혼인날을 잡고 사성까지 써서 친구엄마 편으로 우리 집으로 보낸 것이다.

　중요한 일륜지대사를 철부지 딸의 예기치 못한 행동으로 친정 부모님은 총각 집에서 받아준 날 예정대로 혼사를 치르기는 했으나 친정 부모님으로부터 신뢰를 잃어 시댁에서 일어나는 일이 있어도 말 한마디 못하는 것은 당연한 결과였다.

　이런 상황에서 시집에서 일어나는 불평불만을 털어놓으면 부모님의 마음은 더 아프고 쓰릴 것은 당연한 일이었다. 마음에 준비를 할 시간적 여유도 없이 딸이 철없이 총각 따라간 것이 시집가서 잘 살아야지, 힘이 든다는 이야기를 할 수가 없었던 것이다.

　그리하여 친정에는 갈 수 없게 된 나는 남편과 산책 갔던 흥부암 노 보살님 방이 떠올라 무작정 흥부암 공양 간 노 보살님을 찾아가서 어려운 사정을 털어놓았다. 노 보살님이 말씀하시기를 "시집살이는 참고 살아야 끝이 좋다"며 "내 옆에서 푹 쉬었다가 가정으로 돌아가라"고 하셨다.

　그리하여 나는 공양주 노 보살님 옆에서 삼일 밤을 자고 나흘째 되는 날 주지 홍 스님이 아시고는 큰 소리로

야단을 치시는 바람에 할 수 없이 집으로 돌아 왔다.

집으로 돌아오니 남편은 아내를 찾아 친정과 시댁을 발칵 뒤집어 다 알게 되어 온통 난리가 났다. 남편은 아내가 없는 삼일이 엄청 길게 느껴졌다고 한다. 아내가 들어오면 평생 잘하고 살 것이라고 다짐을 했다고 한다. 그 말 한마디에 나는 봄눈 녹듯이 마음이 풀렸다.

이런 사정을 뒤늦게 아시고 스님은 안쓰러워하시면서 그 후로는 남달리 챙겨주셨다. 친정처럼 편하게 다니라고 하셔서 나는 진짜 친정처럼 다녔고, 절에 올라가면 늘 나에게 숙제를 주셨다.

스님은 사과주스를 좋아하셨다. 강판에 갈아서 거즈에 꼭 짜서 드리면 쭉 드시고는 꼭 덕담을 하신다. 부드럽게 잘 갈았다고 하시면 나는 거즈에 짠 거라고 과정을 설명하고 스님께선 이것저것 챙겨 주시기도 하셨다.

선물 받은 그림 작품도 많이 소지하고 계시면서 액자를 예쁘게 해서 집에 걸어두라고 주시기도 하고, 스님이 간직하신 복숭아씨 염주도 주시면서 따뜻하게 잘 대해 주셨다.

그 후에 홍 스님께서 남편을 불러놓고 아내에게 잘하라며 타일렀고, 나에게는 앞으로 친정처럼 편하게 다니라고 하셨으며, 그때부터 나는 시중에 색다른 과일이 나오면 사서 들고 친정 가는 마음으로 임호산 흥부암 법당을 찾았고, 기도가 뭔지도 모른 채 그냥 친정대신 갈 곳이 있다는 마음으로 다녔다.

그 후 남편도 나에게 잘해 주어 오늘의 행복을 이루게 되었으며, 홍 스님의 은혜를 갚지 못한 아쉬움 때문에 매년 백중기도 시에 홍 스님의 위패를 영단에 모셔 올려놓고 삼배를 올린다. 이렇게라도 해서 받은 은혜를 조금씩 갚아 가려고 합니다.

오시는 님 반겨주는 묵직한 바위옆에 핀 눈꽃길이 사색하기에 좋은 산사의 길

이 길을 오르면 새들의 아름다운 연주소리가 들린다.

'부잣집' 할아버지 장가 간 사연

내가 시집을 와서 정말 "웃음 짓게 만드는 추억" 한 가지가 있다. 그것은 며느리인 내가 중매를 서서 시아버님께 새로운 아내를 맞이하게 한 일이다.

어느 날 용기를 내어 아버님께 여쭤 보았다. "아버님 제가 어떻게 하면 아버님이 약주를 덜 드시게 하고, 좀 더 편하게 지낼 수 있도록 할 수 있을까요? 저도 너무 힘들고 더 이상 잘 할 수 없습니다."

그러자 아버님은 웃으시면서 "애야, 며느리 네가 아무리 잘해도 할멈만은 하겠느냐. 혼자 사는 게 무슨 낙이 있다고…" 하시면서 여운을 남기는 말씀을 하시는 것이었다.

그때서야 아버님이 남은 생을 함께 하실 배필이 필요하신가 보다 생각하고, 그 때부터 신혼 초부터 항상 친정처럼 다녔던 임호산 흥부암 법당에서 아버님을 기쁘게 해 줄 수 있는 어머님 한 분을 모실 마음으로 먼저 삼천 배를 올리기로 마음먹고 원을 세웠다.

요즘은 전국적으로 각 사찰에서 불교대학을 열어 그 과정을 거치면서 공부 방법과 절하는 방법을 잘 가르쳐 주고, 호흡조절 방법과 절하는 법에 대한 책자를 발간, 시중에 보급하여 요령을 알고 하니 그다지 힘들지 않게 삼천 배의 절을 할 수가 있다. 그러나 그때는 호흡조절 방법과 요령도 모른 채 삼천 배를 올리면 소원이 이루어 진다는 말을 듣고는 아버님의 행복을 찾아드려야 되겠 다는 마음에 삼천 배를 올리기 위해 무작정 집에서 일찍 출발하여 새벽에 부처님 도량인 임호산 흥부암에 도착 하여 믿음 하나로 절을 시작하였기에 정말 힘이 들었다.

그 시간만큼은 목이 탔고 하루 종일 요령 없이 오직 힘 으로만 절을 하고 나니, 삼천 배를 하는 순간만은 생각 나는 것이 하나도 없고 오직 빨리 목표를 달성하여 물을 마시고 싶은 마음뿐이었다. 아무 생각도 없었고 저녁때 가 되니 힘이 다 빠져 지쳐 오기 시작했다.

그렇게 간절하게 기도하는 마음을 관세음보살님이 아셨는지, 그리 오랜 시간이 흐르지 않은 어느 날 우연히 이웃집에 사는 친구가 놀러와 오랜만에 이야기를 나누는 중에 친구 집에 홀로 되신 시어머니 이야기가 나왔다. 시아버님과 처지가 비슷하여 인연을 맺어주면 어떨까 하고 농담반 진담반 말을 꺼내보았다.

처음에는 친구가 펄쩍 뛰며, 무슨 소리 하느냐며 거절하였다. "내가 부처님 전에 아버님을 위해 기도중인데, 너와 이런 이야기가 나온 건 아마도 부처님께서 두 분 인연을 맺어주실 것 같다"면서 친구에게 잘 생각을 해보라고 하고 이야기한 지 수일이 흘러갔다.

나는 일을 두고 차일피일 미룰 수가 없어 다시 친구를 찾아가 시아버님에게 너의 시어머니와 집안 사정 말씀을 드렸다고 말하자, 친구가 깜짝 놀라 펄쩍 뛰면서 "나는 우리 시어머님께 말씀도 안 해 봤고 지나가는 농담으로 생각했었는데… 그렇게 빨리 말씀드리면 어떻게 하느냐"고 하더니 "그럼 시일을 두고 내가 천천히 조심스레 여쭤 볼테니 기다리라"고 했다.

나는 이런 사실을 아버님께 미리 알려 시골에서 조용히 계시던 아버님은 조급한 마음에 오늘이나 내일이나 며느리로부터 소식이 올까 설레는 마음으로 기다리고 계셨던 것이다. 이런 모습을 지켜보는 며느리인 나로서는 더욱 마음이 답답하였고, 친구로부터 하루빨리 소식이 오기만을 기다렸다.

그러던 어느 날 친구가 우리 집에 찾아와 시어머니에게 여쭤 본 결과를 전해주었다. "이웃에 사는 "부잣집" 할아버지가 시골에서 홀로 외롭게 지내고 계시는데, 그 "부잣집" 며느리가 좋은 시어머님을 한 분 찾고 있다고 하여, 어머님하고 인연을 맺으면 좋겠다"고 여쭤 봤는데, 첫마디에 거절하였다는 것이다.

나는 아쉽지만 기대하는 마음을 떨쳐버릴 수가 없었다. 친구와 이런 말을 주고받은 후 또 다시 기약 없는 시일이 흘러갔다. 그러던 어느 날 친구가 긴장된 목소리로 우리 어머님이 "부잣집 할아버지 선보자고 해라"고 하셨다면서 전화로 알려왔다.

나는 오늘이나 내일이나 친구로부터 소식 오기만을 기

다리고 있었던 터라 너무 반갑고 기뻐서 "알았다"며 "내일 당장 선 보자"고 흥분된 마음으로 대답했다. 약속장소를 정하고 이 사실을 곧바로 시골 아버님에게 알렸다.

김해시 서상동에 있는 경남은행 앞 부산다방에서 만나기로 친구와 서로 약속을 했다. 시아버님을 모시고 약속장소에 들어서는 순간, 나는 눈을 의심하지 않을 수 없었다. 친구 시어머님은 할머니가 아니라 무릎까지 오는 미니스커트에 정장을 입고 오셨는데, 동양의 전형적인 어머니인데 미인이셨다. 지금 생각해보니 이십년 전 시어머님도 쉰다섯으로 너무 곱고 아름다운 분이었다.

서로 긴장된 분위기에서 맞선을 본 결과는 "어머님은 아버님을 맘에 안들어하신다"고 하시고 아버님은 "3일만 살아봤으면 원이 없겠다"고 하셨다.

아버님은 당시 예순여섯의 시골 노인으로서 서로 맞선을 본 후 며느리인 나에게 이렇게 말씀 하셨다. "그 사람이 시골에 와서 같이 살아줄 사람은 아닌 것 같고, 한 3일만 같이 살아 봤으면 원이 없겠다. 그런데 3일 살아줄 사람이 어디 있겠느냐. 내 욕심이지."

나는 친구에게 아버님 말씀을 여과 없이 전했다. 친구
가 시어머님에게 그 말씀을 전해드렸든지 며칠 후 "우리
어머님이 너의 시아버님 계신 시골로 가신다고 마음의
결정을 하셨다"고 친구로부터 전화 연락이 왔다. 친구에
게 정말이냐고 하며 몇 번이고 재차 물어봤다. 또 다시
의심이 가 물어봐도 같은 대답이었다.

시골에 계신 아버님에게 곧 바로 소식을 알려 드렸다.
"아버님, 그 분이 저의 집에 오시기로 마음의 결정을 하
셨다고 합니다."라고 말씀드리자, 아버님은 반갑게 받아
들이며 진심으로 기뻐하셨다.

그야말로 아버님은 소원을 이룬 것이다. 두 분은 시골
에서 오붓한 살림을 차리셨다. 그러던 어느 날 시어머님
으로부터 상기된 목소리로 전화가 걸려왔는데, 다짜고
짜로 "내가 속았구나. 더 이상 못 살겠다"라고 말씀하셨
다. 처음에는 뭘 속았다고 하시는지 몰랐었다. 알고 보
니 "부잣집"이라고 왔는데, 와서 보니 부유하지 않아서
속았다는 것이었다.

그런데 결정적으로 시어머님께서 착각 하실 수 있었던

부분이 있었다. 그것은 우리 집 딸 아이 이름이 '최 부자' 였다는 사실이었다. 그래서 그 당시는 친구들이 나를 부를 때 딸아이 이름인 '부자야' 하고 불러 많은 이들이 '부자 집' 으로 알고 있었고, 지금도 이웃에 살았던 분들은 '부자 집' 이라고 불러주고 있다.

이런 사실을 몰랐던 시어머니는 진짜 '부잣집' 인 줄 알고 편하게 대접받겠다고 어려운 마음의 결정을 하였는데, 손녀 이름이 '최 부자' 라고 알고 난 후로부터 속았다고 생각하신 것이다.

두 분의 인연을 맺어준 며느리로서 책임감을 가지고 자주 전화로 위로인사를 드리면서 "제가 행복하게 해드릴게요" 하고 위로했던 것이 이십년이란 세월이 지나 지금은 아련한 추억으로 가슴에 간직하고 있다.

처음엔 그렇게 황당한 사건으로 두 분이 티격태격 서로 다툴 때도 있었는데, 그래도 그 후 서로를 이해하며 알콩 달콩 여생을 함께 보내셨다. 아침, 점심, 저녁 맛있는 음식을 해주시는 아내가 있어서 그런지 아버님도 예전보다 얼굴이 훨씬 좋아지시고 행복해 하셨다. 그리고

시어머니는 시아버님 임종까지 그 자리를 차분히 지켜
주셨다. 그 후 어머님은 자식들이 살고 있는 김해로 오
셔서 여생을 보내고 계신다.

이 길을 걸어가신 임들의 모습은 얼마나 아름다운가.

올해는 때늦은 춘삼월에 많은 눈이 내렸다.
온 산천을 덮고 눈 무게에 나뭇가지들을 부러지게 만들고
지나간 일들을 아득하게 한다.

아버님과의 소중한 추억

누구나 지난날의 추억들이 나름대로 많겠지만, 따뜻한 어른들과의 추억은 더욱더 기억에 남는다.

지난 88서울올림픽 경기로 인하여 남편은 서울 경비 지원근무를 가고 나는 한 달간 시댁에서 어른들과 같이 지내려고 준비를 단단히 하여 유치원생 딸을 데리고 갔다.

이제는 나라를 지키며 군 복무를 하고 있는 아들은 당시 나의 뱃속에서 착하게 자라고 있었고 세상의 빛을 보기 위해 기다리고 있었다. 시댁 어른들은 만삭인 나를 본 후 반갑고도 염려스러운 표정이었다.

산달이 가까운데 병원 가까이 있어야 할 며느리가 시골에 왔으니 걱정이 앞선 것이다. 그래도 조모님과 아버님은 식구가 오랜만에 모였다며 좋아하셨다.

때는 가을이라 낮에 아버님이 밤 산에 밤 따러 가시면 만삭인 나도 따라 갔다. 만삭인 채 따라나선 나에게 산을 타고 다니겠느냐고 걱정스런 말로 물어보셨고, 밤송이 채로 주워오면 선별작업을 하는 게 낫겠다고 하셨지만, 나는 고집을 부려 자신만만하게 아버님을 따라 나섰던 것이다.

그런데 배가 너무 무거워 밤 산을 오르는데 정말로 힘이 들어, "에라 모르겠다."하고 산 중턱 나무 그늘에 앉아 제일 큰 알밤만 골라 까먹고 시간 가는 줄 모르고 놀고 있었다. 한참 후에 염려스러우셨던지 아버님이 "애야, 어디 있느냐"하고 찾아 부르셔서 "예"하고 대답하니 우거진 밤나무 숲을 헤집고 찾아오셔서 점심시간이라며 집에 가자고 하셨다.

나는 알밤을 얼마나 까먹었는지, 배고픈 줄 모르고 시간이 그렇게 많이 지난 줄 몰랐다. 문제는 아버님이 너는 무거운 짐을 들면 안 된다며 밤을 땄던 자루가 어디 있느냐고 찾으셨다.

마음속으로 '큰일 났다' 싶었다. 밤만 까먹고 있었으니, 밤 담을 자루는 텅 비어 있었다. 마음속으로 뭐라고 답변해야 할지 내심 걱정하면서 "아버님 사실은 배가 너무 무거워 밤 까먹고 놀았습니다." 라고 솔직히 말씀드렸다.

그러자 아버님이 허허 웃으시면서 "그래 여름에 보리타작 할 때도 옆에 사람이 서 있기만 해도 힘이 덜 든다."고 하시면서 일할 때는 옆에 사람이 있어만 줘도 힘이 된다고 하시면서 좋아하셨다.

밤 산에서 집에 돌아오니 시할머님께서 가을에 나오는 제철 채소로 만든 반찬을 해주시는데, 얼마나 맛있게 먹었는지 배가 부른 나는 대청마루에 큰 대자로 누워 나뒹굴고 있으니 홀몸도 아닌 손부를 밤 산에 데려가 일을 많이 시켰다며 걱정하신 할머님은 아버님을 나무라셨다.

산에서 알밤 까먹고 잘 놀다 와 밥을 맛있게 먹고 나니 나른하여 누워 있는데, 할머니는 일을 많이 하여 힘들어 하는 줄 아시고 손부는 그냥 집에 있으라고 하여, 그날로 밤 따러 산에 가는 것은 졸업이었다.

　이후 아버님이 밤송이 채로 밤을 따오면 할머니와 딸아이 하고 셋이서 밤을 까고 선별하여 다음 날 아침이면 농협에 수매하여 그날 그날 밤 값을 환산해 주었다. 그때는 밤 값이 좋아 수입이 꽤 됐다.

　아버님은 손녀가 밤송이에 찔려가며 밤을 깐다며 애를 쓰는 것이 귀여워 아침마다 "우리 공주님 수고했다"며 수고비를 주셨다. 일을 했으니 교육적인 차원에서도 당연히 노력의 대가를 받아야 한다고 하시며, 어린 손녀에게 매일매일 돈을 준다고 하셨다. 지금 생각해보니 아버님이 일찍부터 앞서가는 산교육을 가르쳐 주신 것 같다. 어린 딸은 아침마다 할아버지에게 돈 받는 재미가 나서 엄마에게 자랑하며 재롱을 부렸다.

　시골에서 한 달간 지낼 여비를 준비해 갔으나, 시댁에서 진주 시내에 나가 시장을 가끔씩 봐 오는데, 교통편이 불편하여 버스로 한 시간가량 소요되어 한번 나가면 여러 가지 일을 보다 보니 가져온 생활비가 조금 밖에 남아 있지 않았다.

그러던 어느 날 시골에서 진주 시내에 시장 보러 나왔는데, 시장통 안에 불고기양념구이 냄새가 코를 찔렀다. 돈은 시장을 보고 나니 바닥이 났고, 그 불고기집을 지나오는데 불고기가 먹고 싶어 차마 발길이 떨어지지 않았다.

돈이 없어 고기 집에 들어 갈 수도 없고 하는 수 없이 돌아서서 집으로 오면서 내일은 이 불고기 집에 와서 꼭 불고기를 먹고 가리라 다짐하고 시댁 가는 버스를 탔다. 집에 도착한 나는 시장 봐 온 장바구니를 풀어 정리도 하기 전에 어린 딸을 살짝 방으로 불러 엄마가 집에 가서 줄 테니 아침마다 할아버지가 주신 돈 좀 빌려달라며 엄마가 내일 시장 좀 다녀와야겠다고 꼬드기니 천진난만한 우리 딸이 꼬깃꼬깃 모아 두었던 돈을 모두 다 내주었다.

그 돈을 받아 다음날 불고기를 사 먹기 위해 집을 나섰다. 할머니에게 시장 좀 다녀와야겠다고 여쭈니 어제 다녀왔는데 다시 가는 이유를 물어 보셨다. 고기가 먹고 싶어 간다고 말씀드릴 수가 없어 그냥 시장 다녀오겠다만 말씀드렸다. 할머니는 만삭인 손부가 연달아 이틀에 걸쳐 시장을 간다고 하니 산달이 된 손부가 해산할 준비를 하려고 가는 줄로 짐작만 하시고 잘 다녀오라고 하셨다.

시골에서 혼자 버스를 타고 진주시내로 접어드는데 온통 불고기 냄새가 코를 찌르며 나를 유혹했다. 드디어 시내에 도착하여 어제 지나갔던 불고기집에 들어가 혼자서 옆 사람 의식하지 않고 푸짐하게 고기를 시켜서 먹고 나오는데, 얼마나 맛있게 먹었던지 시간 가는 줄 몰랐다.

불고기를 먹고 나니 갈증이 나는데 마침 도로에 있던 노점상 리어카에서 수박, 배 등 과일을 잔뜩 싣고 팔고 있어 과일이 또 그렇게 먹고 싶었다. 나는 또 그냥 지나칠 수 없어 옆 사람 의식 않고 배 하나를 덜렁 사서 먹고 나니, "와~" 불고기 먹고 난 갈증이 확 풀렸다. 천하가 내 것 같아 만사형통이라는 소리가 절로 나왔다.

그 먹고 싶었던 불고기에 배까지 먹었으니 더 이상 부러울 것 없이 세상을 다 가진 기분이었다. 그때 리어카에 과일 파는 아주머니는 수박도 먹고 싶으면 얼마든지 먹고 가라고 하셨지만 배가 불러 더 이상 못 먹겠다고 했다. 지금 생각해보니 리어카 노점상 과일가게 아줌마가 세상 살아온 경험으로 임신 중에 먹고 싶은 것은 참을 수 없다는 걸 아셨던 분이라 먹고 싶으면 다 먹고 가라고 하셨던 것 같다.

이렇게 하여 시골에서 한 달여를 보내고 김해 집으로 돌아와 예정대로 아들을 낳았다.

시골에서 한 달 동안 있었던 화제거리를 88서울올림픽 경비지원근무를 마치고 온 남편과 오랜만에 이야기를 나누면서 우리 딸이 시골에서 밤 딴 노력의 대가로 할아버지로부터 받아 모아둔 돈으로 불고기를 실컷 먹었다고 하니, 엄마 아빠의 이야기를 듣고 있던 딸아이는 갓 태어난 동생이 좋아 유치원도 결석하며 동생을 무릎 위에 올려 안고서 "너가 엄마 배속에 있을 때 누나가 할아버지로부터 받은 돈을 엄마가 가져가 불고기 다 사먹었다. 알것나? 이 귀염둥아~"하면서 동생을 안고 좋아하며 놀아주었다.

불고기를 먹기 위해 딸아이로부터 빌린 돈을 돌려주고 약속을 지켰는데도 딸아이는 한동안 엄마가 내 돈 가져 갔다고 들먹였다. 부끄러움보다 조금 창피하기도 했다. 성장기에 있는 아이들한테 돈을 빌리면 안 된다고 생각했다.

이래저래 살아온 과거를 뒤돌아보니 감회가 새롭다. 엄마와 할아버지를 따라 꼬부랑 시골 들녘을 거닐고 다니며 밤송이를 까다가 가시에 찔렸다며 뽑아 달라고 하던 어린 딸이 성장하여 이젠 사랑하는 짝을 만나 지난 해 혼례를 올렸다. 두 사람은 각각 공무원과 공사에 근무하면서 분야는 달라도 최선을 다하는 모습이 대견하고 기특하다.

엄마 배속에서 알밤만 받아 먹던 아들은 어느 새 성장해 지금은 자유의 최전선을 지키는 자랑스러운 대한민국 국군이 되었고, 십일월이면 제대를 한다.

촉촉이 내리는 봄비를 맞고 꿈처럼 피어난 유채꽃

향기가 나는 곳을 찾아서

아버님과 마지막 대화

아버님이 주고 가신 마지막 유언은 나의 인생에 전환점이 되었고, 훗날 바람벽이 되어 주었다.

지난 2000년 음력 섣달그믐날 오후, 거실에서 아버님과의 대화가 마지막이 될 것이라고는 꿈에도 몰랐다.

그날 오후에 시장에서 가득 봐 온 설날 음식을 준비한다고 바쁜 나를 아버님이 느닷없이 부르셨다.

"얘야, 아직도 다 안했나? 뭘 그렇게 많이 하노…. 오늘은 그냥 나하고 이야기나 하고 좀 놀자. 제사는 정성이지 많이 할 필요 없단다. 특히 명절은 멀리 떨어져 살던 부모 형제들이 한자리에 모여서 먹고 즐기라며 조상님들이 만들어 놓은 날인데, 요즘은 다들 음식이 많아 먹지도 않는단다."

음식은 간단하게 준비하라 하시고 이야기나 하자며 전

에 없이 계속 채근하셨다. 나는 하는 수 없이 부엌에서 하던 일을 잠시 멈추고 거실에 나와 아버님과 나란히 소파에 마주 보고 앉았다. 그러자 아버님께서 "애야, 내말을 잘 들어라. 내가 죽어서도 너를 보호할 것이다. 그러니 아무 걱정하지 말고 네가 하고 싶은 것 다 하면서 살아라."고 말씀하셨다.

그 당시 아버님은 건강하셔서 그 말씀이 '유언'이 될 줄은 전혀 몰랐다. 그리고 이어서 "이번 설이 마지막인지도 모르겠구나. 오늘밤은 내가 너희들 방에 하룻밤 자고 가야겠다. 너희 내외가 자는 방에서 자고가면서 모든 나쁜 액운을 다 훔쳐갈 테니 그리 알고 앞으로 아무 걱정하지 말고 잘 살아라"고 하셨다.

당시 내 말을 의심하지 말라고 여러 번 말씀 하시는데, '오늘 따라 아버님께서 평소에 않으시던 별 말씀을 다 하시는구나' 하고 속으로 생각을 하며 듣고만 있었다. 아버님은 옛 기억을 더듬으시면서 담배 한 모금을 삼키셨다. 그리고는 눈을 지그시 감으시고 편안하게 이야기를 시작하셨다.

아버님이 한국전쟁에 참전하여 몸에 총상을 입어 신경 마비로 손가락이 오므라들어 펴지 못하는 장애인으로 한 평생 살아오시면서 그 후유증에 시달려 왔던 일이며, 사회생활과 가정생활에 적응하지 못하여 마음 고생하신 것과 또 그로 인해 겪으셔야 했던 험난한 지난 날 살아온 이야기를 해주셨다.

아버님이 시골에서 진주에 나가 시장을 보고 약주를 한잔 드신 후 집으로 오기 위해 시댁 가는 버스를 타면 사람들이 늘 자신의 모습을 이상하게 보았다고 하셨다. 손가락이 오므라들어 펴지 못하고 있는 모습을 보고 문둥병자인줄 알고 옆에 오는 것을 꺼려하는 사람도 많았다는 것이었다.

지난 세월을 살아오시면서 가졌던 욕심들도 돌이켜보면 아무것도 아니었는데, 그 당시에는 가지지 못한 것에 대한 원망으로 괴로운 나날을 술로 보냈다고 말씀하셨다. 아버님의 인생 이야기는 눈물겹도록 감동적인 한편의 드라마였다.

아버님이 그런 진지한 이야기를 해주시는데, 그때 나

는 바보처럼 아버님의 마음도 모르고 음식을 마무리해야 한다는 생각에 "아버님 피곤하실 텐데 따뜻한 방에서 편히 주무세요"라고 말씀 드리고 일어나려 했다. 그러자 아버님은 "그래. 너에게 이런 이야기가 재미있을 리가 있나. 내가 살아온 지난 날 인생살이를 말하는 건데…" 하시고는 더 말씀이 없으셨다.

그때까지만 해도 그날의 대화가 마지막 작별의 자리가 될 줄은 꿈에도 상상하지 못했다. 그리고 아버님 말씀을 건성으로 들었던 것이 아직도 내 마음에 짐으로 남아 있다. 너무나 죄송한 마음에 아버님이 세상을 떠난 후 아침저녁으로 밥을 지어 올렸고 부처님 전에 나아가서 참회도 했다.

그때 조금만 더 진지하게 들어드리면서 재미있게 대화를 나누었다면, 아버님의 마음에 담아 두었던 지난 날 인생역정이며 추억담을 밤을 지새우며 속 시원히 털어놓고 말씀을 하셨을 텐데…. 참 어리석게도 설날 음식이 뭐가 그리 중요했는지 정작 마음은 부엌에 있고 몸만 아버님 옆에 있었던 것이 너무나 죄송한 마음이다.

사람은 누구나 지난날 나름대로 옛 추억들이 많을 것이다. 그 추억을 자신도 모르게 만들며 살아왔기 때문에 애틋한 추억을 한번쯤은 되돌아보며 회상한다.

아버님도 한 때 과거의 추억을 회상하며 며느리를 대화의 상대라 여겨 잔잔한 마음으로 가슴 아팠던 지난날을 털어놓고 싶었을 터인데, 바쁘다는 핑계로 아버님의 이야기를 재미없이 건성으로 들어 드렸던 것이 너무나 마음이 아프다.

사람이 건강하다면 병에 전염되지도 않고, 아무 고통 없이 자유롭게 살아 갈 수 있다. 하지만 아버님은 국가에 몸 바쳐 상처 입은 몸이 되어 평생을 장애자의 몸으로 불편하게 살아가는 것도 괴로운데, 정작 가까이 있는 사람들로부터 외면당하고 상처 받는 이중 고통 속에서 살아 오셨던 것이다.

나는 지난 날 농번기가 되면 으레 시댁에 일손 도우러 가는 것이 몸에 배어 있었다. 시댁에서 갈 때면 가끔 찬거리도 구입할 겸 시장 보러 아버님과 함께 진주시장에 나가면, 시장 상인들이 나와 아버님의 모습을 번갈아 보면서 아버지와 딸 같다는 얘기를 하곤 하였다.

어떤 때는 아버님 혼자 진주시장에 나가시면 시장사람들이 "할아버지, 딸은 이번에 같이 안 왔느냐"고 할 때, 아버님이 우리 며느리라고 하면 시장사람들이 며느리와 시장 다니는 것을 부러워 하셨다며 당신을 부러워하는 소리를 시장 상인들로부터 처음 들어 봤다고 하셨다. 그러면서 "부럽다는 소리를 들어봤는데, 내가 무슨 미련이 있겠느냐"는 말씀도 하셨다.

친정으로는 친조부님이 일제침략 시 잃어버린 조국을 되찾기 위해 친정 고을에서 독립운동을 하다 붙잡혀 모진 고문으로 고통 받은 사연과 아픔을 부모님으로부터 들어 누구보다 잘 알고 있다. 그래서 시아버님이 6·25 당시 참전하여 몸에 총상을 입고 국가유공자의 몸으로서 겪은 그 아픔은 살아가는 과정에서 아버님에게 커다란 고통을 안겨드렸을 것이다. 그렇게 아프고 불편한 당사자의 몸은 그 아무도 대신 해 줄 수만은 없는 것이다.

이렇듯 생전에 아버님께서는 더 많은 이야기를 해 보고 싶어 하셨는데, 모두 털어놓지 못하고 그 아픔들을 가슴에 고스란히 안고 가시게 한 것 같아서 죄책감이 이루 말할 수 없다. 아버님이 이 세상을 떠나신 후, 나는 임호산 홍부암에서 사십구재를 올리면서 수없이 참회기도를 했다.

말없는 가운데 마음의 길

새들도 법당 앞인 줄 알아차리고 어간문 앞으로 그림자 되어 스쳐가네.

고을을 한 눈에 바라보는 도량에서 목탁소리 장엄하게 들린다.

진실과 선의가 승리하는 순간

아버님이 운명하신 후 여러 집안행사를 치루고 1년이
란 세월이 지나 첫 기제를 지내고서 아버님 묘소를 다녀
오는 길에 청천벽력 같은 너무나 황당한 소식을 접했다.
밤 산 끝자락에 있는 증조부모님 묘소 땅의 임자가 우
리가 아니라는 것이었다. 그러면서 땅 임자라는 사람이
남의 땅에 묘소를 썼으니 하루 빨리 이전해 달라고 법원
에 소송을 제기해서 우리에게 통보가 온 것이다.

소송건의 전말은 이러했다.
지난 1995년 부동산특별조치법이 발효되었다. 이 법
은 1995년 이전에 소유권을 취득한 사람이 이전등기를
못하였을 경우 보증인 날인 같은 간단한 절차로 소유권
이전이 가능하도록 조치한 법이다. 당시 등기상 임자가

없는 증조부모님 묘소 2기가 매장돼 있는 땅을 원고 유명주(가명)가 이 법의 허점을 이용해 자신의 명의로 등기해 두었던 것이다.

시아버님은 부동산특별조치법에 대한 내용을 모르는 것은 물론, 그 묘소 부지의 스물한 평은 칠천 평인 밤 산 끝자락에 위치해 있으나 밤 산의 지번에 포함되어 있지 않고 밭으로 따로 지번이 있는 줄도 모르고 계셨던 것이었다. 시아버님은 당연히 밤 산 지번에 포함된 것으로 알고 관리해 오면서 미등기인 사실도 전혀 모른 채 55년을 관리해 오셨다. 그런 사이에 부동산특별조치법이 시행되자 미등기 땅을 노리고 있던 원고가 자기 명의로 등기를 해놓고 우리에게 접근해 온 것이었다.

아버님은 이러한 사실도 모르고 자신의 땅에 대한 관리만 해 오다가 지난 2001년 세상을 떠나셨다. 아버님이 세상을 떠난 이듬해에 우리한테 찾아 온 원고는 "내 땅에 왜 묘를 썼느냐, 묘 파 내라"며, 너희 아버지가 살아 있을 때 "길일을 봐서 옮긴다."고 하다가 돌아가셨다고 하는 것이었다.

"그 땅이 내 땅이다. 봐라!"며 특별조치법에 근거하여 원고 앞으로 등기된 서류를 보여주며 자기 권리를 주장하였다. 그리고 "발굴하라"는 소송을 걸어왔다.

남편과 나는 너무도 당황하여 어찌할 바를 몰랐다. 조상의 묘가 있는 곳이 우리 땅이라는 것은 너무도 당연한 일이기에 생각지도 못한 땅 임자의 등장에, 그리고 묘를 이장하는 일이라는 것이 간단한 일이 아니라는 것은 누구나 아는 사실인데, 뜻하지 않게 조상의 묘소를 옮겨야 한다는 사실에 아연할 뿐이었다. 게다가 우리는 원고라는 사람이 거짓말을 한다는 것을 알면서도 법적 등기부 등본이라는 증거물 앞에서는 아무 말을 할 수가 없었다.

그러나 시아버님께서 남기고 가신 선산의 조상 묘를 지키기 위해서라도 진실을 꼭 밝혀야겠다고 다짐을 하였다. 55년 동안 관리해 왔고, 조상 묘가 미등기로 되어 있던 것을 알고, 특별조치법을 교묘히 이용하여 남의 선산을 가로채려는 원고 그 사람을 원망하기보다는 대응방법을 찾는 것이 최우선이라고 생각하였다.

그때부터 우리는 당시 한 동네에 살았고, 동네의 사정

을 누구보다 잘 알고 오래토록 지켜본 어른들을 찾아 증인석에 서 줄 것을 요청하는 등 소송에 대비한 만반의 준비를 하였고, 변호인도 선임했다.

우리는 첫 공판이 개정되는 날을 기대했으나 이내 실망했다. 소송을 위해 준비한 증인 채택과 변호사 선임도 다 소용없게 되어 버렸다. 변호사도 시원한 변론을 못하고 있는 것을 보고는 다음 공판에 대비 나는 탄원서를 준비하였다. 한 마을에 살았던 주민들도 안타까워서 도와주었고, 나는 아버님의 누명을 벗겨 달라는 혈서를 썼다. 이렇게 준비하여 낸 서류에 의거하여 공판이 열렸다.

담당 변호사가 우리가 제출한 증거서류를 성의 없이 전달하자, 재판과정을 지켜보고 있던 남편이 판사에게 누구를 위해 법이 존재 하느냐고 항의 하다가 판사의 퇴정명령을 받고 재판정을 쫓겨났다. 그때 나는 생각이 났다. 남편이 부모에게 할 수 있는 효도는 여기까지 최선을 다한 것으로 끝이 났다고 말이다.

사건 당사자인 피고가 법정에서 원고가 제시한 내용에 대한 증인을 법정에 세우고 반론을 하는 과정에서 정확

하고 알아듣기 쉽게 진행해 달라는 요청에 담당 단독판
사로부터 법정퇴장명령을 받았다는 것은 괘씸죄에 걸려
들었다는 것이고, 피고가 선임한 변호사도 성의 없이 일
을 하고 있었다. 더 이상 기대해 볼 희망이란 없었다.

우리는 마음고생 그만하고 부처님 전에 발원을 올려서
빌어보기로 마음을 먹고, 내가 다니는 임호산 흥부암에
서 기도를 올리기로 했다. 묘소관련 소송 건을 밝혀 내
지 못하면 아버님의 영혼이 우리 곁을 지켜보며 원망을
하시는 것 같아, 최선을 다해 기도하여 세상에는 진실이
존재한다는 것을 증명해 보이고 싶었다. "제 소원을 들
어 주시면 이 흥부암 도량에서 꼭 필요한 사람이 되기
위해 살겠습니다."하고 발원을 올리면서 기도를 하였다.

기도를 드리는 중에 순간 '법원장님을 찾아뵙고 아버
님의 사연을 호소하여야 되겠다.'는 생각이 떠올랐다.
부처님께서 진심을 들어주실 것을 확신하였기에, 기도
하던 중이었지만 버스를 타고 창원지방법원으로 갔다.

아버님을 위해 묘소관련 소송 건에 대한 진실을 꼭 밝
혀야 된다는 생각이 간절하였다. 진심으로 발원하고 법

원으로 가는 차안에서 '관세음보살 정근'을 하였다. 관
세음보살님은 세상의 소리를 다 듣고 관찰하여 진심이
면 다 들어주신다고 스님들께서 늘 법문하셨다.

　창원지방법원에 도착한 나는 막무가내 법원장을 찾아
다녔다. 법원 직원으로 보이는 사람이 "무슨 일이냐"고
하기에 아버님과 관련된 묘지 소송 건을 설명했다. "창원
지방법원 진주지원 1심에서 패소판결을 받았고, 이미 특
별조치법에 의해 법적으로는 정당하게 등기 돼 있어 아
무 하자가 없는 판결이지만, 법원장님을 뵙고 아버님의
무지함을 이용하여 비인간적으로 남의 조상묘지를 훔친
사정 이야기를 하고 도움을 받고 싶다"고 말하였다.

　법원 직원은 나를 법원 뒤쪽 건물 2층으로 가라고 안
내해 주었다. 안내에 따라 출입문 입구에 걸려있는 현판
확인도 않고 법원장실인 줄 알고 사무실로 들어갔다. 젊
은 사람들이 여기 저기 앉아 일을 하고 있었고, 민원인
으로 보이는 여러 사람들도 있었다. 사무실 내에 일하는
사람들을 향해 법원장님을 만나러 왔다고 하자 사람들
의 시선이 순간 나에게 집중되었고 갑작스레 사무실 분

위기가 조용하고 엄숙해지는 느낌이었다.

재차 같은 말로 반복하여 조심스레 "법원장님을 만나러 왔는데 어디 계시느냐"고 물어보았다. 사무실에 일하던 한 사람이 무슨 일이냐고 물어 서류봉투를 그 직원에게 내밀면서 "묘소 소송 건을 호소하러 왔다"고 했더니, 그 직원이 여기서는 안 되고 변호사를 사서 소송을 하라고 일러 주었다.

나는 그때 그 직원에게 말하였다. "진주에서 변호사 선임하여 일을 보면서 돈도 많이 들었지만, 더욱더 힘들었던 것은 돈을 주고 선임한 변호사가 재판이 끝나고 보니 일을 너무 성의 없이 변론하여 세상이 이렇게 혼탁하다는 걸 알고 나니, 이제 믿고 일을 맡기기가 조심스러워 법원장님을 뵙고 자초지종을 말씀드리려고 왔다"고 했다.

법원장을 만나러 갔다가 우연히 국선 변호사를 만난 것이었다. 국선 변호사는 나를 보고 차근차근 이야기를 해보라고 하여 나는 그때 상황을 설명하였다. 사선 변호사를 선임했다가 속았으니 좀 도와달라고 호소를 했더니 그때 국선변호사님은 나를 보고 한참을 말없이 쳐다 만 보더니 이렇게 말했다.

집에 가서 편히 쉬고 있으면 연락을 할 테니 마음 편히 잠이나 푹 자라고 하였다.

그러던 어느 날 밤 꿈에 내가 발목만큼 잠기는 물에 빠져 일어서지를 못하고 있는데, 임호산 흥부암 법당 부처님께서 내려다보시면서 가만히 계시기에 내가 말했다. "부처님 제가 지금 이 작은 물에 발이 빠져 나올 수가 없습니다. 저의 손을 좀 잡아주십시오" 했더니, 부처님께서 황금빛 광채가 나는 부처님의 손으로 나의 손을 잡아주시어 물 밖으로 빠져 나올 수 있었다

옆을 보니 바다만큼 큰 강이 보이는데, 부처님께서 하시는 말씀이 "저 큰 강을 건너가면 누군가가 도와 줄 것인데 사람이 건너 갈수 없는 강"이라고 하시면서, 거위 한 마리를 불러놓고선 부처님께서 진주 보석을 하나 거위 입에 물려주면서 "저 큰 강을 건너가면 누군가 이 보석을 받을 것이니 건너가서 전해주거라"하시며, 천도제

지낼 때 쓰는 종이로 만든 반야용선에 거위를 태워서 큰 강물에 보내는 것을 보고 나는 꿈을 깼다.

꿈이 좋은 것인지, 어떤지 분간을 할 수가 없었다. 그 꿈 내용은 시일이 지나고 보니, 해결방법을 모르고 헤매는 나에게 부처님께서 꿈으로 길을 현몽을 하신 것이었다. 그야말로 창원지방검찰청 내 법률구조공단에 안내하여 국선변호사를 만나게 해 준 것은 행운이었다.

진주 재판에서 사선변호사를 선임했다가 패소했기에 창원이라고 뭐가 다를까 하는 의구심이 들었지만, 지푸라기라도 잡는 심정으로 법원장님을 만나러 갔다가 우연히 국선변호사를 만나게 되었다. 소송 건을 설명해 보라는 국선변호사님 말씀에 나는 자초지종을 상세하게 말하였다.

국선변호사님이 한참을 듣고 있더니 나를 보고 너무 걱정 말고 마음 편히 기다리고 있으면 검토를 해보고 연락을 주시겠다고 하셨다. 시선을 맞추고 저의 말을 받아주는 것만 해도 너무나 고마워 "고맙습니다." 하고 연신 인사를 한 후 집으로 향했다.

그날 남편에게 창원지방법원에 다녀 온 사연을 말하였다. 이제 아버님 무지의 누명을 벗을 길이 생겼다고 했더니, 남편은 처음에는 나의 말을 의심했는지 들으려고 하지도 않고 무시하는 표정이었다. 그리고 도대체 어디를 다녀와서 그렇게 들떠있는지 걱정하는 눈으로 바라보았다.

"오늘 창원지방법원장을 찾아가 호소하러 갔다가 법원 내 2층 건물로 안내해 주어 갔더니 사무실에 일하는 사람들이 많았고 거기서 좋은 사람을 만났는데, 정말로 걱정하지 말라고 말했다"고 오늘 있었던 일을 설명했다. 남편은 법원 안내라고 하니 사기꾼은 아닌 것 같고, 참 어렵고 힘든 일을 봐 줄 사람이 생겼다니, 내 눈으로 직접 확인해 보자며, 며칠 후 같이 찾아갔다.

남편이 사무실 입구 외벽에 걸린 현판표지판을 보고는 이렇게 말했다. "여기는 법원이 아니고 창원지방검찰청 내 별관 건물로 대한법률구조공단이라는 곳인데…" 하며 섭섭한 표정을 지었다.

순진했던 나는 현판표지판도 보지 않고 그냥 법원 안

에 있는 건물이니까 법원인줄 알았다. 그래도 우리 일만 보면 되지 않느냐며 믿어보자고 말했다. 이런 곳이 있는 줄도 모르고 무작정 법원장을 만나러 왔던 것이 여기 법률구조공단을 오게 되었다. 남편이 말하기를 "법률구조공단이 뭘 하는 곳인지도 모르는 아내가 법원장실인 줄 알고 찾아 갔다는 것도 대단히 용감하고 한편으로 대견스럽다"고 했다.

남편 역시 법원 내에 법률구조공단이 있는 줄은 현판 표지판을 보고 처음 알았다고 말했다.

그날 집에 돌아 온 남편이 조용히 말했다. 일이 잘 될 것 같다며 아무리 생각해 봐도 당신 같은 길치가 그곳을 안내를 받았다는 게 우리 집에 길조가 찾아왔다며 기대해 보자고 했다. 간절함으로 절실하게 부처님께 기도한 내 믿음의 대답이었다고 생각된다.

그때부터 창원지방법원 진주지원 1심에서 패소했던 아버님 관련 묘소 소송 건이 '항소'로 이어졌다. 국선변호인이 어느 날 나를 불러 아버님과 관련된 묘소 소송 건에 대하여 세심하게 물어봐 나는 사실대로 답했다.

"변호사님 저의 말을 찬찬히 들어주시면 감사하겠습니다. 아버님이 무지로 미등기인 채 관리해 오신 것은 자식인 저희들로서는 할 말은 없습니다. 하지만, 저의 시아버님은 늘 자식들에도 순리대로 살아가라는 교훈을 남기신 분입니다. 문제는 미등기로 관리해 와 이런 소송 건이 만들어지게 되었습니다. 중요한 것은 증조부모님의 묘소(2기)가 쌍봉이 아니니, 지금이라도 측량을 정확히 하여 106번지 내에 묘소가 1기라는 것만 밝혀주십시오. 106번지 내에 분묘 2기를 발굴하라는 판결문이니, 106번지 내에 분묘가 1기라는 것이 확인되면 진실은 다 드러날 것입니다."라고 말씀드렸다.

그랬더니 국선변호사님께서 나의 눈을 보면서 "지금 내 앞에서 한 말이 거짓 없는 말이면, 내가 최선을 다해서 도와주겠다."고 하셨다. "변호사님 앞에서 말씀 드리고 있는 이 시간에도 저의 마음은 한결 같습니다. 내 마음은 관세음보살님 기도를 하면서 말씀드립니다."라고 분명하게 말씀을 드렸다. 이후 국선변호사님은 적극적이고 열정적으로 소송 진행을 이어갔다.

우리가 소원한 대로 측량한 결과는 우리 주장과 일치했다. 1심 판결과는 달리 분묘도 쌍봉이 아니고, 묘소 간에 12미터라는 간격이 있었다. 그런데도 원고는 쌍봉이라고 주장했고, 1심 판사도 현장검증을 했음에도 온갖 감언이설로 꾸며댄 원고의 주장만 받아들여서 분묘 2기를 발굴하라고 터무니없는 판결을 내렸다.

측량한 결과 진실이 밝혀지자, 2심 담당 판사님으로부터 남편에게 전화가 걸려 왔다. 조정을 해서 편하게 등기만 돌려받는 것이 어떠냐고 물어왔다. 그렇게 날뛰던 원고가 꼬리를 내린 것이다. 조정을 받지 않고 판결을 해서 그동안 들어 간 모든 비용을 청구 할 것이라는 남편의 말도 충분히 이해가 되고 나 또한 그동안 들어간 비용이며 마음 고생한 것을 잊을 수 없다.

남편이 말하기를 그동안 원고가 한 행위를 생각하면 분노가 치밀어 판결을 해서 모든 비용을 청구할 것이라고 했다. 그동안 들어간 비용을 청구하려면 판결 받는 것도 옳은 일이나 이제 아버님이 누명을 벗었으니 등기만 하자고 하였다.

왜냐하면 원고는 돈을 벌기 위해 계획적으로 그렇게 사람을 힘들게 해왔는데 어리석은 사람과 자주 접촉을 한다는 것은 우리 또한 어리석은 사람이 되는 것이 아니냐. 그 비용을 돌려받으려면 그 사람 얼굴을 또 봐야 하는데 나는 그 사람을 안보고 사는 것이 오히려 행복 시작이라며, 등기하는 것으로 모든 일을 마무리 짓자고 거듭 설득했다.

부처님께서 어리석은 사람과 길을 걸어가지 말라고 하셨고, 이쯤에서 분노를 잠재우면 후손들이 넉넉하게 잘 살 것이라고 했더니, 남편도 조정을 선택하여 등기만 돌려받자고 했다. 그야말로 미등기된 상태에서 55년 만에 등기가 이루어졌다. 진실하다면 반드시 밝혀진다는 사실이 무엇보다도 감사하고 기뻤다.

관세음보살님께선 세상의 소리를 다 들으신 다음 일어나는 일들을 관찰하신다고 하셨던 스님들의 법문이 한 치 오차가 없다는 것을 다시 한 번 새겨본 순간이었다.

가을옷을 곱게 입은 바위

기왓장에 리본을

보살님이 건네 주신 물 한 바가지

　나는 남편에게 "그 동안 힘들었던 지난 시간들을 등산을 하면서 풀어보자"면서 "설악산 대청봉을 오르는 길에 봉정암에서 기도하고 오자"고 제안했더니 남편도 흔쾌히 승낙했다. 휴가를 잡아 남편과 나는 강원도 설악산 봉정암을 오르기로 했다.

　봉정암은 높은 곳에 위치해 있으므로 오르는 이들의 마음은 비장할 수밖에 없다. 고승 자장율사는 왜 이렇게 높은 곳에 부처님 진신 사리를 모셨을까…. 스님의 뜻을 짐작해 보면서 길을 오르다보니 어느 듯 꿈에 그리던 목적지 봉정암에 이르렀다. 땀방울은 염주알이 되어 가슴 속으로 굴러들었고 한여름의 눈앞에 펼쳐진 청록색에 진한 풍경은 피곤한 눈을 맑게 씻어주니 눈도 맑고 마음도 가벼웠다. 그러나 몸은 허기에 지쳐있었다.

우리는 봉정암을 거쳐서 대청봉을 향해 출발했다. 지친 몸에 해는 저물어가고 길은 더욱 멀게만 느껴졌다. 정상에 다다를 즈음에 산장에서 컵라면을 팔고 있는 것을 보고 눈이 번쩍 떠졌다. 컵라면으로 요기라도 해야겠다며 지갑을 찾았다. 왠지 허전한 느낌이 들었고 입고 온 등산복 아래 위 호주머니 전체를 둘이서 번갈아 가며 뒤져 봤지만 지갑이 없었다. 허탈함에 정말 다리에 힘이 다 빠져 쓰러질 것만 같았다.

조선시대 지방에서 한양 과거시험 보러 갈 때에 눈썹도 빼 놓고 간다는 옛말이 생각났다. 장거리에 높은 산을 오르다보니 힘들어 조금이라도 짐을 덜기 위해 메고 왔던 등산 가방에 돈 지갑을 넣어 둔 것을 깜박 잊고 봉정암에 두고 왔던 것이었다.

힘이 다 빠져서 이리저리 지갑을 찾는 우리를 보고 옆에 서 있던 등산객들이 대중들이 모이는 곳이라 귀중품은 몸에 소지하고 다녀야지 거기 두고 오면 남의 것이나 다름없다는 말을 했다. 걱정되었지만 이미 한 시간 넘게 걸어서 올라와 확인할 방법이 없었다.

우리는 목표를 정한 터라 "가다가 중단하면 아니 간만 못하니라" 라는 말의 구절이 우리를 두고 시험하는 것 같았다. 남편은 원을 세우고 마음먹은 것이니 정상을 눈앞에 두고 포기 할 수 없다며 서둘렀고 배고픔도 잊고 대청봉을 갔다 와야 된다는 생각으로 걸음을 재촉해 대청봉 정상에 올랐다.

대청봉을 내려와 봉정암에 도착하니 저녁 공양시간이 지나 밤이 되었다. 먼저 잊고 온 배낭과 지갑부터 확인하기 위해 방에 들어갔다. 전국 각처에서 온 등산객과 가져온 짐들이 앉을 장소도 없이 빼곡히 들어차 있었다. 놀랍게도 우리가 두고 갔던 지갑과 배낭이 그대로 보관되어 있었다. 이것도 우리의 걱정을 덜어주기 위해 부처님이 지켜주신 것이리라 믿었고 또 한 번 안도의 한숨을 내쉬었다.

봉정암을 거쳐 대청봉까지 갔다 늦게 도착한 사정을 스님에게 말씀드려 저녁 공양을 간신히 한 후 남편은 지친 몸에 일찍 잠자리에 들고, 나는 기도하러 법당에 들어갔다.

　신묘장구대다라니 독송 기도를 하기 전에 스님께서 "이곳의 전기는 자가발전으로 유류를 절약하기 위해 저녁 여덟시 이후엔 도량 전체에 불을 끈다"고 미리 말씀을 하셨다. 어두운데다 신도들이 콩나물처럼 빽빽하게 앉아 기도중이라 서로 움직이는 자체가 불편하여 절하기엔 장소가 너무 협소하였다.

　봉정암 사정을 잘 모르고 천팔십 배를 하겠다며 원을 세운 것이 후회되었다. 부처님 전에 함부로 약속하는 게 아닌데, 여기 사정을 모르고 경솔한 원을 세웠다는 생각을 기도스님에게 말씀 드렸다.

　"스님 제가 집에서 천팔십 배를 드리겠다고 원을 세웠는데 부처님 전에 경솔하게 약속을 했나 봅니다."라고 말씀드리자, 스님이 저를 이리저리 살펴보시더니 옆에서 조용히 절만 하라고 배려해 주셨다. 스님의 배려가 너무 고마워 피곤해 지친 몸이라 힘들 것이라고 생각해 볼 겨를도 없이 절을 하기 시작하였다.

　그런데 갑자기 엄숙함과 정적을 누군가 깨었다. 기도를 시작하는 순간 법당 내 한 여신도가 자리에서 벌떡 일어나더니 "스님 저도 절을 하려고 했는데 장소가 여의치 않아 절은 아예 생각도 못했습니다. 저도 그 보살님 옆에서 절을 하게 해 주세요"라고 억지 섞인 말투로 스님에게 떼를 썼다.

기도스님이 너도 나도 다하면 자리가 비좁고 분위기가 어수선하니까 그냥 앉아서 신묘장구대다라니 경을 열심히 독송하자고 말씀하셨다.

그 순간 그 보살님이 "스님은 사람 봐가며 말합니까? 누구는 허락하고 누구는 안 된다고 하고, 왜 신도를 편견 합니까?"라고 스님께 시비를 걸었다. 스님이 "그렇게 따지면 안 되고 기도 하자"고 말씀하시는데도, 그 보살은 화가 안 풀렸는지 "스님은 신도를 다 좋아 해야지 누구는 좋아하고 누구는 싫어하고 해서 되겠느냐"고 재차 따져 물었다.

신도 말을 듣고 계시던 스님은 결국 보살에게 화를 내셨다. "보살님 같은 사람은 안 와도 되니 오지 마시오."라고 말씀하시는데 이에 그 보살님은 한 수 더 떠서 대들었다. "스님은 우리가 돈을 안 가져오면 뭘 먹고 삽니까? 굶을 수밖에 없지 않습니까?"라며 경련이 생길 정도로 거침없이 따졌다.

그러자 스님은 한참동안 숨을 고르셨다가 또다시 신도에게 보살님은 어디서 왔느냐고 물었다. 보살이 "부산에서 왔다"고 하자, 스님은 "부산에 있는 포교당은 스님들이 신도관리를 잘하고 친절한 도량인데 그런 곳에 다니지 배려 없는 마음으로 여기 봉정암에 왜 왔습니까? 여기에 계시는 스님들은 요즘 사람들에 취해 많이 힘이 듭니다. 옛날에 내가 이곳 봉정암에서 출가했는데 그때는 영하 30~40도의 추운 겨울이었습니다. 법당에 들어오면 기도할 손과 발이 깨질 것 같은 고통으로 추웠고 끓었던 물도 금방 얼었습니다. 그래도 기도를 시작하면 부처님 온기가 따뜻하게 느껴졌습니다. 하지만 요즘의 봉정암은 등산객과 신도들이 너도나도 몰려와 스님들이 사람에 취하여 부처님의 온기를 느끼지 못합니다. 보살님같이 따지는 사람은 이렇게 좋은 봉정암을 힘들게 올 필요가 없습니다. 동네에 친절하게 맞이해주는 포교당에 다니세요"라며 나무라셨다.

스님은 화를 많이 내셨고, 그로해서 그날 밤 기도시간
이 많이 지연되었다. 전국에서 온 신도들이 저마다 소원
을 조용히 빌고 있는데, 나 하나 때문에 법당 내에서 소
란스럽고 무례함을 범하게 하여 미안해 몸 둘 바를 몰랐
다.

그날 밤 봉정암 스님을 생전 처음 뵙는데도 특별히 자
리를 배려해 주신 것과 부처님께서 우리를 지켜주신데
대하여 감사한 마음으로 기도를 올렸다. 온종일 걸어서
봉정암에 도착하여 잠시 휴식을 취한 후 다시 대청봉 정
상까지 올라가 당일코스로 봉정암 도량까지 되돌아왔으
니 몸은 피곤하여 그야말로 파김치가 되었다.

그래도 나는 지친 몸을 이끌고 밤이 깊었는데도 절을
계속해갔다. 일 배 또 일 배를 하는 게 얼마나 힘이 들었
던지 염주는 줄어들지 않았고 시간만 흘러갔다. 백팔 배
를 하는데 염주를 돌려가며 평소 같으면 천천히 해도 이
십분이면 충분한데, 그날은 백팔 배 올리는 시간이 대략
오십분은 넘게 걸린 것 같았다. 평소 다니던 흥부암 도

량에서도 하루에 삼천 배를 올리고 삼일에 걸쳐 만 배를 올려도 그날 밤 천팔십 배만큼은 힘들지 않았던 것 같았다.

불이 꺼진 캄캄한 법당의 수미단 상단에 촛불이 희미하게 법당을 밝히고 있으나, 사물의 형태를 구별하기가 쉽지 않은 상태에서 빼곡히 앉은 사람들의 체온만 해도 한정된 공간이라 숨이 차는데, 한여름 밤의 기온은 그야말로 가마솥 찜통 더위였다. 마시는 물도 준비없이 절을 무리하게 하면서 비 오듯 땀을 흘리고 목이 말라 지쳐서 쓰러질 것만 같았다.

아버님의 누명을 벗겨주시면 남은 저의 인생을 부처님 은혜를 갚는데 쓰겠다고 발원을 드렸기에 이쯤 고통은 참아야 한다고, 중도에 포기해서는 안 된다며 정신을 차려야 된다는 생각에 죽을 힘을 다해 일 배 또 일 배 힘들게 올렸다.

그런데 누군가 옆에서 살짝 나를 건드리며 "물마시고 하세요."라는 말이 들렸다. "예" 하고 돌아보니, 법당이 너무 어두워 얼굴 윤곽도 분간하기 어려운데도 "목이 말

라 너무 힘들어 보여 물을 떠 왔어요.”하고 떠온 한 바가
지 물을 어떤 보살님이 나에게 건네며 마시라고 하였다.
저는 “고맙습니다. 감사합니다.”하며 인사를 하는 둥 마
는 둥 하면서 우선 목부터 축여야겠다는 생각이 앞서 얼
른 받아 꿀꺽꿀꺽 마시는데 물맛이 설탕을 탄 것처럼 달
고 부드러웠다.

얼마나 목이 말라 힘들어했던지… 옆에서 이를 지켜보
고 있던 한 보살님이 혼자 그 어두컴컴한 곳을 더듬고
찾아나가서 우물가에 손잡이가 달려있는 물 한 바가지
를 떠와 마시라며 건네준 것이었다. 그 아름답고 감동적
인 마음과 미덕을 평생 잊지 못할 것이다.

광활한 중동지역 사막을 걸어가는 상인과 낙타가 시원
한 오아시스를 만난 것처럼 나는 그 물을 받아서 마셨
고, 이름도 얼굴도 모르는 그 보살님 덕분에 정신을 차
려 원하였던 천팔십 배를 올리고 무사히 회향을 했다.
첩첩산중의 희미한 촛불아래에서의 봉정암 도량에서도
부처님이 저를 지켜주시기 위해 그 보살님이 나에게 물

을 떠다 준 것이다. 물 한 모금 마시고 기도하라는 뜻으
로 받아 들여졌다.

어두워서 얼굴도 모르는 나에게 물을 떠 와 마시라며
건네준 그 보살님에게 고맙다고 인사만 하였으나, 그분
은 나에게 진정한 불자요 스승이었다. 이렇게 봉정암에
서 진정한 불자의 모습도 배워왔고 원고를 용서해준 것
이곳 미래의 행복이라는 걸 느끼면서 감사한 마음으로
봉정암을 다녀왔다.

눈은 산사의 적막을 깨뜨렸다.

너그럽고 편안하게 안아 주신다.

편지에 담긴 진심

자연을 아름답게 꽃 피우는 계절의 여왕 5월이었다.

2008년 '부처님 오신 날' 행사를 치루고 법우님들과 함께 설악산 봉정암을 다시 갈 수 있는 기회가 생겼다.

봉정암 가는 길은 예전과 다르게 많이 변모해 가고 있었다. 다리와 계단을 만드는 등 새로이 만들어진 등산로는 예전에 힘들게 올랐던 그 길을 보다 편하게 다녀 올 수 있게 해 주었다.

백담사, 영시암, 오세암을 거쳐서 다음날 봉정암에서 신묘장구대다라니경을 독송하면서 철야기도를 하고 집으로 돌아오니 늦은 밤이 되었다.

야간근무 중인 남편에게 집에 도착했다는 전화를 하고 지친 몸을 쉬고 다음 날 아침 준비를 해 놓고 남편을 기다리고 있는데, 남편으로부터 전화가 걸려왔다. 경찰서

교육으로 시간이 없으니 아침식사를 먼저 하라고 했다. 그런데 전화를 받은 후 왠지 좋지 않은 느낌이 들었다.

아니나 다를까. 그날 오후 한 시쯤 전화로 남편이 놀라지 말라며 속옷을 챙겨서 병원으로 오라는 것이었다. "관세음보살님 별 일 아니기를 바랍니다." 기도를 하면서 속옷을 대충 챙겨 택시를 타고 병원을 찾아 병실 문을 여니 "빠른 쾌유를 빕니다."라는 리본이 달린 윤창수 김해경찰서장님의 화분만 있고 남편은 무릎수술을 해야 된다고 수술실로 들어갔다는 것이 아닌가.

지난 밤, 은행 현금수송차량 탈취사건이 발생하였다는 무선지령을 받고 용의차량을 검거하기 위하여 특별검문검색을 하다가 남편이 검문에 불응하는 승용차량에 매달린 채 오십여 미터 가량 끌려가다가 떨어지면서 중상을 입었다고 한다.

봉정암에서 기도를 마치고 집에 도착했다는 전화 통화를 한 후에 일어난 사건이기에 남편은 동료들에게 "집으로 연락하지 말라"고 당부하며 "먼 길 다녀온 집사람이 좀 쉬고 나면 연락을 할 것"이라고 말했다는 것이다. 평소에 무뚝뚝한 남편은 지금까지 살면서 직장에서 하는 일만 중요하지 아내인 나를 특별하게 챙겨주는 일은 거의 없었는데 그런 깊은 생각까지 했다니, 역시 겉으로 보이는 것이 모두가 아닌 것 같다.

남편의 세심한 배려와 사랑을 느끼면서 감사와 고마운 마음 한편으로 걱정이 교차하였다. 나는 지장보살님 명호와 함께 아무 탈 없기를 기도하였다. 천만다행으로 수술은 성공적이었다.

이제 회복되기를 바라면서 병간호를 하던 중 그날 사고를 낸 가해자의 가족이라면서 아기를 업은 한 아주머니가 병실을 찾아왔다. 가해자 가족은 그날 운전을 한 사람은 자신의 남편인데, 검문에서 음주운전 한 것을 들키지 않으려고 하다가 그와 같은 사고를 냈다고 했다.

아주머니는 남편의 잘못을 빌면서, 하루하루 돈을 벌어서 가족을 부양해야 할 가장이 음주사고를 일으켜 경찰서에 구속되어 살길이 막막하다며 울면서 선처를 애원을 하였다.

그 후로도 그의 어머니, 그리고 형까지 온 식구가 찾아와 매달리는 것이었다. 가해자 어머니는 "아들이 지금까지 살면서 말썽부리는 일이 없었는데 그날 친구와 만나서 마음에 담아둔 쌓인 스트레스를 털어놓으면서 한잔하고 오는 길에 단속하는 경찰관을 보고 음주운전 한 것을 피하려고 그렇게 실수를 했다"고 사정을 이야기 했다.

가해자의 선처를 남편에게 조심스럽게 말을 건넸더니, 그런 말을 하려면 집에 가라고 하면서 두 번 다시 말도 못 꺼내게 하였다.

하루는 공무수행을 하다가 중상을 입은 남편을 위로 격려하기 위해 윤창수 김해경찰서장님이 병원으로 찾아오셨다. 나는 "그 사람이 지은 죄는 용서 받을 수 없으나 한 집안 가장으로서 오래도록 일을 못하면 생계에도 어려움이 클 테고, 아직 어린 딸아이까지 있어서 그게 자꾸만 마음에 걸립니다." 라고 말씀드렸다. 서장님께서는 "나도 그렇게 하고 싶지만 사건이라는 것이 절차가 있고 순서가 있다"고 대답하셨다.

도와주고 싶은 마음은 하늘같지만 나로서는 어쩔 수

없었다. 안타까운 마음에 가해자의 아내에게 편지로 탄원을 해보라고 권유를 하였더니, 그의 아내가 남편으로부터 받은 여섯 장의 자필편지를 나에게 건네주었다.

편지 내용은 이러했다.

"어릴 적에 아버지를 여의고 두 살 위인 형을 아버지같이 여기며 살아왔는데, 형한테 실망을 안겨 준 것 같아 정말 미안하다. 그리고 부모님에게 죄스러울 뿐 아니라 어린 딸에게 아빠로서 미안할 따름이다. 아내에게도 그동안 고생시키고 이런 일로 힘들게 해서 뭐라 할 말이 없다.

나의 실수로 경찰관 아저씨를 다치게 하여 죽을 죄를 지었으니, 하루빨리 회복하시기를 바란다."는 내용을 구구절절 썼는데, 그 글속에는 누구를 원망하거나 탓으로 돌리는 변명은 찾아 볼 수 없었다.

편지 속에 담겨져 있는 내용을 통해 그가 너무 착한 사람이라는 것을 느낄 수 있었다. 편지를 읽고 기억에 남은 게 여러 가지 있지만, 특히 기억에 남은 것은 형을 존경하는 마음이었다. 편지를 읽은 뒤, 그 사람이 용서받게 되기를 바라는 마음이 더욱 생겼다.

남편에게도 편지를 읽어 보도록 권했다. 편지를 읽은 남편도 눈시울을 붉히며 동료직원을 불러 선처할 수 있는 방안에 대한 의논을 하였다.

동료직원들은 "가해자는 평범한 죄도 아니고 특수공무집행방해죄에 해당되는데 그렇게 쉽게 선처하라는 말을 하느냐"면서 오히려 남편에게 역정을 내며 안 된다고 강하게 거부했다. 남편은 "집사람은 지금까지 살아오면서 내가 하는 일에 함부로 말하거나 나선 적이 없었다."고 하면서 "집사람이 이렇게 소원을 하는데 그 사람을 용서해주지 않으면 두고두고 나를 원망할 것"이라고 말하는 것이었다.

내가 남편에게 선처를 부탁한 것은 부처님 오신 날 행사를 잘 치루고 봉정암 기도를 하고 온 그 사이에 생긴 상황을 부처님의 마음으로 용서를 하는 것이 세상에 대한 "보시"를 실천하는 것이 아닌가 하는 생각이 들었던 때문이다.

　동료 직원이 나를 보고 말하기를 "밤에 일어난 사고 상황을 안보고 그렇게 쉽게 말하지만, 우리 직원들이 그 당시 상황을 다 지켜봤는데 얼마나 끔찍했는지 아느냐"고 하면서 거듭 용서 해줄 수 없다고 했다. 밤새도록 고생한 동료직원 말도 충분히 이해가 갔다. 그러나 나는 남편에게 "그분을 한 번 더 불러서 가해자가 직접 자필로 쓴 편지를 보여주며 편지를 읽고 나서도 그래도 용서 받을 사람이 아니라고 하면 나도 말씀대로 하겠다."고 간청을 하였다.

　"가해자를 용서해 주자"는 말이 무모하게 들릴지 모르지만, 남편은 나의 간청에 다시 한 번 직원을 불러서 가해자의 편지를 읽어 보도록 건네주었다. 그 직원도 그 편지를 읽고는 말하기를 근본이 착한 사람이라고 하면서 특히 두 살 위인 형을 아버지같이 여기며 살았는데 형한테 실망을 준 것 같아 미안하다는 말에 편지를 읽은 직원 모든 분들이 하나같이 입을 모았다. 이런 사람이 세상에서 대접 받는 사람이 되어야 된다며 남편의 뜻에 따라 선처를 하는데 동의하여 가해자는 세상 사람들과 함께 살 수 있는 가장으로 돌아갔다.

　죄를 지은 사람에게는 강한 처벌을 해서 온 국민이 마음 놓고 살아가는 사회가 되어야 한다. 하지만 정말 순수한 사람이 잘 살려고 했던 진심이 통한 그의 진심이 담긴 여섯 장의 편지 속에 잔잔하게 떠올린 지나온 날들의 진솔한 사연이 잘 다듬어진 글보다도 사람들의 가슴 속 깊이 파고들어 마음을 움직였던 것 같다.
　그 진실한 편지 덕분에 마음의 위안이 되었고, 병원치료를 받으면서 에피소드도 많았다.

　어느 날 남편이 병원에서 휠체어로 밖에 바람 좀 쐬러 가자고 하여 병원 가까이 있는 공원을 찾아 나섰더니, 점심시간이 조금 지났는데 중학생 일고여덟 명의 남녀 학생이 모여서 술 담배를 하고 있는 것이 아닌가. 자신이 환자라는 것을 잊은 채 어린 학생을 선도하는 경찰 본분으로 돌아가 학생을 다 불러 놓고 "너희들 어느 학교 학생이냐"로부터 시작해서 "왜 대낮에 학교 안가고 이렇게 돌아다니느냐" 등등 환자복 차림으로 추궁을 하는데, 옆에서 지켜보는 나는 마음이 조마조마했다. 어린 학생들이라고는 하지만 그들은 여러 명이고 한참 반항하는 시기의 청소년들이 "당신이 뭔데 그러냐."고 반항하면 휠체어에 의지한 어른이 어떻게 감당할 것인가. 걱정과는 달리 청소년들은 알아듣고 슬금슬금 자리를 피하여서 아무 탈 없이 무마되었다.

퇴원 후 보조기에 아픈 다리를 고정하여 석 달 동안 지내면서 그 불편하고 고통스런 시간을 인내하던 남편이 하루는 "이 보조기를 풀고 나면 과연 예전처럼 등산을 할 수 있을까"하면서 걱정을 했다.

그때 나는 남편에게 이렇게 말했다. "당신은 일밖에 모르고 취미라면 유일하게 등산인데, 산이 좋아 산을 오를 때는 늘 선두였던 당신의 그 소박한 뜻을 이룰 수 있게 부처님이 도와주실 거고, 진실하고 순수한 사람들과 더불어 했으니 걱정 말고 석 달 동안 잘 참고 치료하자"고 했다.

힘든 시간을 보냈지만 그래도 그 힘들었던 시간들이

헛되지 않았다는 생각을 한다. 한 가정이 다복하게 살면서 웃음꽃을 피울 수 있도록 도왔던 만큼 가해자인 그분은 우리가 바라던 대로 열심히 노력하며 잘 살고 있다고 한다. 얼마 전 그의 부모님과 통화를 했는데, 세상 사람들로부터 선처를 받은 뒤로 더 열심히 일해서 얼마 전에 보금자리를 마련했다고 반가운 소식을 알려주었다.

법이란 사람들과의 관계 속에서 많은 힘을 발휘한다. 잘못을 범한 사람들에게 법의 처벌을 받게 하는 것은 당연한 일이다.

가해자는 평소 성실하게 살아온 온 삶을 심판 받은 셈이다. 진심어린 편지의 진실이 통하는 사회, 그 속에서 서로를 보듬어 안는 것이 더불어 사는 마음이 아닐까하고 생각하여 본다. 순수한 사람들과 함께한 상처이기에 남편은 건강한 몸을 되찾았다.

일 년이라는 시간이 지나 남편이 염려했던 산을 오를 기회가 왔다. 사월 초파일 '부처님 오신 날' 행사를 치루고 나면, 법우님들이 매년 성지순례 계획을 세워 국내외로 번갈아가며 성지순례에 나선다. 해외 성지순례를 대비해서는 공동으로 적금을 넣고 있다. 목돈으로 해외성지순례는 부담된다며 2년 동안 공동으로 넣었던 적금이 만기가 되어 지난 2009년 6월에 중국 성지순례를 가게 되었다.

남편이 지난해 무릎수술 이후로 산을 한 번도 오르지 않아 "과연 산을 오를 수 있을까"하는 의구심을 갖고 내심 걱정을 하고 있는 터였다. 남편이 사고로 다치고 난 1년 만에 가는 성지순례라서 나 혼자 가는 게 의미가 없어 남편과 함께 가기로 하였다. 서른여섯명 중 남편을 포함하여 남자는 두 분이 선택받은 셈이 되었다.

순례에 나서기 전에 나는 치료를 담당한 의사선생님의 무리한 산행은 금해야 한다는 주의사항을 마음에 두고 출발하였다.

어렵게 3박4일 일정으로 첫날 구화산을 오르면서 불교성지를 찾아 여기저기 참배하고 다음날은 황산을 오르기로 했다. 무릎 수술을 두 번이나 받아 퇴원하고 1년 만에 처음으로 오르는 산이라서 조심스럽게 도전하는 남편을 보면서 같이 간 일행들이 걱정을 많이 했다.

보행이 불편한 관광객을 위해 유료 가마가 대기하고 있었고, 무리한 등산이나 운동은 하지 않는 게 좋다는 담당의사의 간곡한 말씀이 귓전을 울렸으나, 남편은 두 개의 지팡이에 의존해 일행과 같이 전 코스를 무사히 완주하여 다녀왔다. 나는 남편의 완주에 천하를 얻은 기분이었다.

사실 장시간을 걸어가면서 나는 마음이 조마조마했다. 황산이 장엄하다고 알려져 있지만 나는 그 산을 감상할 여유가 없었다. 지팡이 두 개에 온몸을 지탱해 걸어가는 것을 지켜보면서 손에 땀을 쥐고 따라 다니다 보니 옆도 앞도 둘러볼 여지가 없었고 뒤에서 따라가면서 남편의 무릎 쪽에서 눈을 뗄 수가 없었다.

산이라면 날아다니듯 산행을 즐기던 남편이 지팡이에 의존해 한발 한발 짚고 옮기는 그 모습이 대견스러우면서도 아슬아슬하기도 하였다. 일행들이 무리하지 말고 유료 가마를 타고 가자고 권유를 하는데도 남편은 "내 힘으로 가보겠다"고 하면서 두 개의 지팡이에 온몸을 의

존해서 한발 한발 계단을 오르내릴 때마다 손에 땀을 쥐
게 했지만, 그 모습이 너무 든든했다.

　가해자 부모님의 말이 생각난다. 이렇게 아들에게 선
처를 해주었으니 평생 건강하게 행복하게 살기를 바란
다고 했다. 그의 부모님이 빌어주신 공덕으로 남편이 소
원하는 등산을 할 수 있는 예전 모습으로 건강을 찾게
되어 감사한 마음뿐이다.

도량에서 염불소리 들으며 자라는 식물들이 엉키지도 않고
서로를 위하며 공존하는 생명들이 참 아름답다.

동지 마중 나온 팥

팥을 삶는 꽃불은 다가올 새 희망의 에너지로 활활 타오르고 있다.

새알에 넉넉함이 보인다.

팥죽에는 동치미.

따뜻한 도량 흥부암

부처님 도량 임호산 흥부암은 영험하기로 소문이 나 있다. 지극히 정성 들여 기도하면 소원이 이루어지는 도량이라고 알려져 있다.

영험한 도량 임호산 흥부암은 어떤 곳일까? 그 유래를 살펴보면 이렇다.

천년고찰 가락성지 임호산 흥부암은 경남 김해시 외동 산 2번지에 자리 잡고 있다. 대한불교조계종 제14교구 부산 범어사 말사로 등록 돼 있으며, 전통 청정수월 도량이라고들 이야기해 오고 있다.

흥부암은 옛 가야연맹을 이끌었던 금관가야의 중심부에 위치한 암자로, 인도국 허 황후와 함께 왔다는 허 황후의 오라버니 허보옥 스님(장유화상)이 서기 48년 창건한 고찰이라고 전해져 온다.

　김해지역은 김해 김씨 시조인 "김수로 왕"의 왕릉을 중심으로 경운산이 뒤에서 병풍처럼 펼쳐서 굳건하게 받쳐주고 있다.

　좌청룡인 분성산이 왕릉을 감싸 안고 있으며, 분성산의 첫머리인 용의 머리에 경남 김해군이 지난 1981년 7월 경남 김해시로 승격하면서 시청 건물이 들어서 현재에 이르고 있고, 분성산에는 가야시대 이래 김해를 지켜왔던 산성인 분산성 등이 최근 복원되고 있다.

　우백호 임호산林虎山도 왕릉을 감싸고 있으며, 임호산 7부 능선에 청정 수월도량 흥부암이 자리 잡고 있다. 앞쪽으로는 강원도 태백산에서 흘러내린 물이 황지읍에서 발원하여 칠 백리 낙동강을 따라 굽이굽이 흘러서 달려와 김해평야를 휘감아 감싸며 남해안으로 흘러들며 부산 다대포 앞바다와 만나 얼싸 안는다. 동쪽으로는 낙랑정맥 끝자락인 신어산이 김해를 지켜보고 있다.

　흥부암은 산세가 험한 임호산 7부 능선에 터전을 잡고 있는데, 대웅전을 감싸고 있는 우뚝 선 큰 바위 모습이 마치 호랑이가 입을 크게 벌리고 있는 형상을 하고 있다

화재 시 유일하게 남은 석조관음보살상

고 한다.

임호산 흥부암은 풍수지리적 조건에 따라 가야국의 흥성을 빌기 위해 장유화상이 수로왕의 명을 받아 보탑을 세우고 절을 지어 터전을 마련했다고 한다. 따라서 고을을 흥하게 한다고 해서 흥할 興(흥)자와 고을 府(부)자를 따서 興府庵(흥부암)이라고 하여 오늘에 이르고 있다.

흥부암은 그 바위가 웅장하여 좋은 기운을 갖춘 도량이라고 한다. 흥부암이 지금으로부터 25년 전 의문의 화재로 인해 암자 전체가 소실되었을 때 암자 전체가 화마에 휩싸여 흔적도 없이 불타 없어졌음에도 석조관음보살상 한 분만 유일하게 남아서 그 자리를 지키고 계셨다는 것이다.

그 후 흥부암 복원 불사 때, 그 석조관음보살상에 개금불사改金佛事하여 오늘에 이르고 있으며 이 석조관음보살상은 조성 연대는 정확히 알 수 없으나 전체적인 조각수법 및 옷의 형태나 관의 모습 등으로 볼 때 조선후기로 추정된다고 한다.

화재가 있기 전 임호산 흥부암에 세 분의 불상을 모셨으나, 두 분은 흔적도 없이 화마에 휩싸여 불타 없어졌다. 앉아 계시는 관음보살좌상만 개금불사 하여 모신 뒷면에 있는 목조탱화좌상은 화재 이후에 모셨다.

나는 당시 흥부암 도량을 친정처럼 다니면서 주지이신 홍 스님께서 따뜻하게 베풀어 주신 덕성을 의지하며 지내왔던 관계로 흥부암 복원 불사과정을 처음부터 지켜보았다.

설계과정에는 국내 유명한 큰스님이 흥부암 도량에 직접 왕림하셔서 조언했으며, 풍수지리학을 전공하신 대학교수도 여러 분이 다녀가면서 조언하신 데로 설계해 일등급 목수를 뽑아 복원공사를 하여 오늘에 이르렀다.

임호산 흥부암 뒤 큰 바위를 가까이서 잘 살펴보면 마치 사람이 양팔을 벌려서 흥부암 전체를 감싸 안고 있는 듯하며, 법당 정면을 중심으로 우측 뒷면 바위가 마치 호랑이가 서서 입을 크게 벌리고 내려다보고 있는 형상이라고 그때 참여 하신 교수님이 말씀하였다.

그 바위에 대웅전을 물려서 지으면 고을이 번성하고 흥할 것이라고 당시 참여하신 분들이 예언을 하셨다. 또한 이 도량을 찾는 모든 불자님들의 소원성취가 원만히 이루어진다고 하였다. 그리고 해우소는 법당보다 낮은 곳에 찻집처럼 아담하게 지어라고 일러주셨다.

이렇게 하여 복원 당시 바위에서 한 치도 떨어지지 않게 대웅전 처마끝을 물려서 짓도록 하라고 그 당시 참여했던 교수님이 일러주신 데로 풍수지리학에 맞춰 불사가 마무리되어 오늘에 이르고 있다.

참여한 교수님들의 말씀에 의하면, 임호산은 호랑이 모양으로 생긴 산이라 해서 붙여진 이름이며 그곳이 바로 임호산 호랑이 입모양이라고 한다.

암자 전체가 소실되기 전에는, 흥부암으로 들어오는 일출문 바로 옆 바위에 종각이 있었고, 산신각도 대웅전 우측 바로 옆에 위치해 있었으나, 그 당시 조언해 주신 분들의 뜻에 따라 종각 위치와 산신각 위치를 다시 지정

임호산 호랑이 입모양 바위에 물려서 지은 대웅전

해둔 곳에 옮겨 지었다.

현 종각 위치는 김해시 가지와 평야를 한눈에 내려다보이는 곳이다.

그리고 동쪽에서 떠오르는 태양의 빛을 그대로 받아들이고 있어, 그곳에서 범종을 울리면 고을이 흥할 것이라고 하였고, 범종행사에 참여한 분들이 행복할 것이라고 하여, 그 당시 참여했던 큰스님과 주지스님도 감동을 받아 탄성을 자아냈다고 한다.

설계대로 절벽에다 옹벽을 치고 마당을 만들어 훗날 수많은 불자님들을 위한 범종 타종식을 하여 복된 이벤트 행사를 하라고 하셨다. 사람들이 이곳에 모여 범종 타종행사를 새해아침마다 열게 되면 모든 이들이 행복할 것이라고 예언을 했다. 이렇게 하여 주지이신 혜운스님께서 지난 2007년(정해년) 새해부터 그 첫해로 "새해 해맞이 범종 타종행사"를 열었다.

수백 명의 사람들이 범종 타종식에 참여하여 범종을 울리는가 하면, 흥부암에서 제공한 떡국 먹는 행사로 해마다 동참하는 사람들이 늘어 흥부암 축제행사가 우리 고장의 문화행사로 자리매김 하고 있다.

산신각 역시 지정해 주신 곳에 산신각을 불사하여 산신령님을 모신 곳인데 산신령님이 앉아 쉬는 곳이라 하며, 영험한 도량으로 오늘에 이르고 있다. 이 산신각도 자세하게 살펴보면 바위가 마치 엄마가 양 무릎 사이에 아이를 품고 있는 것처럼 산신각을 편안하게 안고 있는 형상이라고 그때 참여한 교수님의 말씀이다.

이처럼 흥부암 대역사인 불사 마무리를 앞두고 임기만료로 주지이신 홍 스님은 자리를 옮겨 가시고 후임 주지이신 혜운스님이 불사 마무리 작업하는 과정을 나는 말없이 지켜만 볼 수밖에 없었다. 전 주지이신 홍 스님의 불사과정을 잘 알고 있었으나 선뜻 나서서 말하는 성격이 되지 못하였기 때문이다.

새로 부임하신 주지 혜운스님과는 오랜 세월동안 대화 없이 오직 도량에만 다니던 지난 어느 날, 혜운스님이 산신각에서 기도하는 십육 명의 신도님을 불러놓고 백지 한 장을 주시면서 기도하는 신도 명단을 적어보라고 하셨다. 뜻도 모른 채 적어 드리니, 혜운스님이 지금부터 산신각 기도축원비는 문 보살에게 주라는 말씀을 하셨는데, 나는 그 당시 용기가 없어서 명단을 받아들고 차일피일 시일만 보내게 되었다.

혜운스님이 앞으로 산신각 기도축원비는 문 보살이 책임지고 따로 통장을 관리해 흥부암 소유 업무용 차량을 한대 구입하여 전국 기도도량을 다니면서 우리 신도들이 신심을 내어 기도 할 수 있도록 하라고 말씀하셨다.

이렇게 하여 혜운 주지스님이 부임해 오신지 7년 만에 첫 대화가 이루어진 셈이다. 그동안 불사과정 알고 있는 것을 말씀드리려고 하면서도 너무 긴 세월이 흐른 탓인지 서먹하여, 행사 업무에 대한 말씀을 드리는 것이 쉽지 않아 차일피일 미루다가 세월만 흘러갔다.

지난 2006년 12월 말 흥부암 대웅전 법당 일을 조금 보고 있을 당시 진성스님이 총무스님으로 부임하시면서 흥부암의 내력에 대한 여러 가지를 나에게 물어 보셨다. 평소 알고 있었던 불사과정을 대화중에 말씀을 드렸더니 진성스님이 나를 나무라셨다. 그렇게 중요한 불사과

정을 잘 알고 있으면서, 주지스님께 말씀드리지 않은 것
은 보살님이 잘못한 것이라며 섭섭한 표정이었다.

그러면서 우선 '해맞이 행사' 부터 하기로 했다. 진성
스님이 좋은 생각이고 건전한 행사라면서 모든 사람들
을 위하여 계승 발전시킬 건전한 지역 문화행사로 자리
매김 할 수 있게 빨리 준비하자고 하였다.

시간이 촉박해 떡국 가래 뺄 시간이 없어 시내 마트를
다 뒤져서 서너 말에 가까운 떡가래를 준비하였고, 그야
말로 잔치집 분위기에 우리는 첫해 한복을 곱게 차려입
고 새해 첫날 아침을 맞이했다.

해맞이 행사에 동참하는 사람들도 해마다 늘어만 갔고
그 다음해에는 한 가마니의 떡국을 준비하게 되었다. 흥
부암의 해맞이 타종행사는 해를 거듭할수록 김해시민의
체험공간이 되어 가족과 함께 범종을 직접 울리며 한해
소원을 빌고 흥부암 신행단체 관음회에서 준비한 떡국
을 먹는 축제의 장이 되었다.

스님들께서 이같이 좋은 행사에 빠뜨릴 수 없는 소원
성취 기원을 위한 오색종이도 준비하라고 하여 해맞이

행사에 동참한 모든 사람들이 각자 자기 소원을 적어 종
각 둘레에 쳐 놓은 오색 줄에 꽂아 두었다가 입춘 절기
에 태워주고 회향하고 있다.

한해의 무운을 기원하시는 스님

새해아침에 종각에서 떠오르는 해를 바라보며 저마다의 소원을 빌고

글을 쓰게 한 스님

남편이 직장에서 쉬는 날이면 가끔씩 함께 운동 겸 흥부암을 찾아 참배하고 오는 것이 일상생활이었다. 임호산 흥부암을 찾으면 먼저 대웅전에 참배하고 다음에 산신각에 올라가 참배한 후 마지막으로 명부전을 찾아 참배하는 것이 순서였다.

어느 날 임호산 흥부암 산신각에서 남편과 촛불을 밝혀 참배 드리고 난 후 촛불을 막 끄려는데, 동작 빠른 남편이 입으로 불어서 끌려고 했다. "도량 내의 촛불은 법구로 꺼야지 입으로 불어 끄면 안 된다"며 주의를 주고 만류하는데도, 남편은 쓸데없는 소리를 한다면서 그냥 입으로 "후"하고 불어 촛불을 끄고 밖으로 나가려고 돌아서는 순간, 남편이 꼼짝 못하고 정색을 한 채 말조차 못하고 마네킹처럼 서 있는 것을 보았다. 그때 나는 어떻게 해야 할지 당황스러워 어쩔 줄을 몰랐다.

우선 산신령님께 얼른 삼배를 올리고 "죄송합니다. 저희들이 뭘 잘못했나 봅니다. 지혜롭지 못한 중생들을 어여쁘게 살펴주십시오"하고 주문을 하면서 용서를 빌고 삼배를 올리니 그때서야 남편이 숨을 내쉬고 있었다. 한참 후에 남편이 서서히 움직이면서 앞으로는 당신 말을 무시하면 안 되겠다고 말을 하였다.

나는 남편에게 그 당시 왜 그랬느냐고 상황을 묻자, "내가 당신 말을 무시하고, 입으로 촛불을 "후"하고 끄고 돌아서는 순간 바로 나의 온몸을 한 발짝도 못 움직이게 꽉 붙잡고, 말을 못하게 숨통을 조여 가며 가슴과 온몸에 수백 개의 바늘과 침 같은 것으로 찔러 고통스러웠고 식은땀이 흐르면서 마치 최면술에 걸린 것 같았다"고 하였다. 이를 지켜보고 있던 당신이 "무조건 잘못했다"며 주문을 외우며 절을 계속하니 그때서야 살짝 풀어놓아주면서 숨을 쉴 수 있어 '살았구나' 하는 생각이 들었다고 하였다.

참 신기한 일이었다. 남편은 영험한 도량이니 주변 사

람들한테 알리자고 하였으나 나는 말조심 하자고 하였
다.

이처럼 신심으로 기도하면, 곧바로 성불 받는 임호산
흥부암이 영험한 도량이라는 것을 남편의 몸으로 증명
해 주어 이곳 흥부암을 찾는 많은 불자님들에게 포교를
하라는 뜻으로 받아들였다.

이렇게 순간적으로 일어난 신비로운 일을 함부로 말하
면 안 된다고 하고, 무슨 뜻으로 우리에게 그런 발광發光
의 빛을 주셨는지 이 다음에 기회가 되면 주지 스님에게
한번 여쭤보자고 하였으나 시간만 흘러갔다.

그 후 어느 날 주지스님이 차실로 나를 불러 놓고선 불
교 교리공부를 가르치는 스님이 부임하셨는데, 앞으로
부처님 법을 정확하게 알고 행하라고 새로 부임하신 세
등 스님을 소개해 주셨다.

차담을 하면서 앞에서 소개했던 산신각에서 남편과 겪
었던 신비한 일과 내가 겪었던 대웅전 법당에서 일어난
관세음보살님에 대한 두 가지의 신비로운 일을 말씀드
리니, 주지스님의 말씀이 지성으로 마음을 쓰고 다니면

성불 받는다는 것을 보여주시는 것이지 잘못하여 벌을
준 게 아니라고 하셨다.

　문 보살님이 그 당시 몸으로 느끼고 겪었던 일들을 신
도들이 많이 오는 초하루 법회 때 참석한 불자님들에게
그때 겪었던 사실을 있는 그대로 실화를 소개 하라고 하
셨다. 좋은 일을 몸소 체험했으면 혼자만 알고 있고 포
교를 안 하는 것도 부처님법이 아니라고 말씀하셨다.

　나는 그 당시 주지스님에게 이렇게 말씀 드렸다.

　"스님 제가 이 도량을 친정처럼 다니면서 부처님으로
부터 얼마나 많은 가피를 받았는지 모릅니다. 이처럼 부
처님의 가피를 입은 것이 많다며 쉽게 말 한마디로 은혜
를 갚을 수가 없습니다. 침묵을 지키다가 다음에 기회가
되면 책을 내어 은혜를 갚을 생각으로 살려고 합니다."
라고 말씀드렸다. 그러자 스님께서 "그럼 언제 책을 낼
것이냐"고 하셨다. "믿음의 경륜이 쌓여서 어느 정도의
마음을 준비를 하여 책을 내겠다."고 말씀드리자, 스님
말씀이 "지금 내면 되지 무슨 그렇게 멀리 잡고 있느냐"
고 하시면서 좀 일찍 내는 게 좋겠다고 하시는 말씀에

나에겐 긍정적인 에너지가 되었던 것이다.

옆에서 듣고 계시든 세등 스님께서 참 좋은 도량이라며 100일 산신기도를 해보자고 하셨다. 그때 세등 스님이 백일 산신기도를 입재하니 많은 신도님들이 동참하여 팔십 명이 넘게 접수하였고, 백일동안 세등 스님과 산신기도를 하면서 신심은 더욱더 깊어만 갔다.

계단 좌측에 예전에 종각이 있었고 계단 앞면 우측바위 밑에 산신각이 있었던 곳이다.

경내를 오르는 길목에 수줍게 피어있는 아름다운 나리꽃의 고운 자태

돌담길에서 잠시 허리를 펴고 두 손을 모아봅니다.

나의 비자금

나보다 한 살 아래인 사촌 여동생이 있다. 한 마을에서 태어나 동심을 함께하며 친구처럼 지내면서 많은 추억을 쌓아왔다.

한 살 차이로 커가는 과정에서는 친구처럼 큰집 작은집을 번갈아 가며 어느 집이든 어른이 집을 비우면 둘이서 서로 장난끼가 발동하여 닭장 속에서 계란을 내다 삶아먹고 쌀을 노릇하게 볶아서 호주머니에 넣어 다니면서 친구들에게 나눠 주기도 해서 부러움의 대상이 되기도 했다.

그렇게 추억이 많은 동생과는 나이가 들어 서로 다른 지역으로 시집을 가게 된데다 서로가 바쁜 사회생활로 자주 못 만나고 늘 마음으로만 지나간 옛 추억을 떠올리는 가운데 세월이 흘러갔다. 서로가 마음에 여유를 조금씩 찾을 무렵에 사촌 동생은 진지하게 말을 건네 왔다.

"언니, 내가 그동안 저축한 돈이 얼마 있는데 잘 키워서 집을 한 채 살 수 있도록 언니가 돈 관리를 해 달라"는 것이었다. 가정을 가진 의젓한 주부가 되었어도 그 어린 시절에 같이 커 오던 언니와의 정을 못 잊고 살아온 동생이었다.

그때 마침 김해 내동의 노른자위 상가를 분양받은 사람이 팔겠다고 하여 그것을 소개하게 되었다. 동생은 김해로 와서 언니와 한 동네에서 살고 싶은 마음에 계획을 세워놓고 기다리는데, 상가 형성이 늦어 세월을 마냥 기다릴 수가 없어서 동생에게 이렇게 말했다.

"상가 형성이 언제 될지도 모르고, 또 상가조합에서 공동으로 이루어지는 일이라서 너의 총재산을 투자해서 기다리기에는 무리인 것 같다. 그러니 팔아서 진주시와 가까운 거리에 네가 살기 좋은 곳을 찾아서 보금자리를 만들어 보면 좋겠다."고 했더니 동생은 "나는 언니가 권유하는 대로 따르겠다."고 했다. 동생이 처음 돈을 맡길 때가 지난 1996년이었는데 3년을 기다리다가 팔아주었다.

동생이 처음 현금을 몸에 지니고 온 과정이 근래 찾아
보기 드문 사례로 기억에 남아 있다. 오천만원권 수표를
윗옷 소매 안자락에 천 조각을 덮어 바늘로 꿰매어 소중
히 몸에 지니고 온 것이었다. 이런 재산을 언니에게 맡
기고 싶은 마음은 어린 시절 가슴깊이 새겨진 아주 특별
한 사연과 연관이 있다.

그 사연은 내 나이 여덟 살 때쯤으로 돌아간다. 동생과
나는 단둘이서 집 앞 감나무 그늘 아래서 놀고 있었다.
우리가 살았던 마을은 이웃마을로 가려면 반드시 우리
마을을 거쳐서 가야 하는 길목이어서 이웃마을 사람들
은 여름이면 길가에 큰 나무가 있는 곳에서 잠시 쉬었다
가 지나가곤 하였다.

그때 마침 한 도인이 우리가 놀고 있는 곁을 지나가시
다가 잠시 땀을 식히면서 쉬고 계셨다. 그러면서 나를
한참 보시고는 하시는 말씀이 "너는 앞으로 시집가면 큰
살림을 살겠다."고 하시면서 긍정적이고 좋은 말씀을 해
주시고는 그 자리를 떠나셨다.

세월이 흐르면서 나는 그 당시 도인이 하신 말씀을 예

사롭게 받아들이고 까마득하게 잊고 살아왔는데, 사촌 동생이 결혼 후 모은 돈을 나에게 맡기면서 그때 그 도인 이야기를 하는 것이었다.

어릴 적 도인으로부터 들은 "믿음 준 말 한마디"가 동생의 가슴속에 깊이 새겨져 있었던 터라, 더더욱 언니를 끔찍이 사랑하게 되었다고 동생은 말했다.

세월이 한참 지난 어느 날 동생은 "지난 번 돌려 준 돈을 다시 언니가 관리 해주면 좋겠다"고 재차 부탁했다. 나는 당시 묘소관련 소송으로 골머리를 앓고 있어서 동생에게 그 이야기하며 어려운 상황을 장황하게 설명했다.

"사실은 증조부모님 묘소 땅 소유권 관계로 소송이 벌어져서 내가 요즘 진주를 자주 다닌다. 법원 앞에 모 변호사를 선임해 놓고 일을 맡겼는데 표 나지 않게 들어가는 돈이 장난이 아니다.

너의 형부도 요즘 굉장히 민감하다. 예전에 한마을에 살았던 분들을 찾아다니며 녹음을 하여 창원지방법원 앞에 가서 녹취록을 만들어야 하고, 관련 있는 사람들을

만나서 식사 대접하고, 일을 잘 봐 달라며 변호사 사무
실 직원들 접대하는데 이래저래 들어가는 경비가 수월
찮다. 따지고 보면 지출 안 해도 될 경비인데, 그렇게라
도 최선을 다해야 부처님께서 우리를 지켜주시지. 최선
을 다하지 않고 원망하는 마음을 가져서는 안 되겠기에
성의껏 해 보려고 한다.”

그리고 “상대방 사람은 돈을 벌기 위해 계획적으로 소
송을 걸어 와 접근을 하고 있으니 차분하게 대처해야 사
건의 진실을 밝힐 수 있는데, 분노가 앞서면 일을 그르
칠 수도 있으니까 차라리 내가 일을 보는 것이 순조롭게
조용히 볼 수 있다”고 소개하고, “문제는 돈 이야기인데,
너의 형부 모르는 비자금도 없는 내가 해결방법을 찾고
있는 중이다.

당연히 써야 할 돈인데도 너의 형부한테 입이 안 떨어
진다. 차분하게 일을 해야 하는데 너무 감정이 날카로워
져 있으니 돈 이야기를 꺼냈다가 괜히 서로 다투는 게
싫어서 방법을 찾고 있는데, 때마침 우선 너의 돈을 당
분간만 이용하고 우리 일을 해결하고 나서 돌려주면 안

되겠느냐”고 물었다.

동생은 첫 마디에 “언니야, 은행보다 언니가 더 미덥지. 걱정 하지 말고 돈을 보내 줄 테니 일을 잘 보라”고 했다. 적절한 시기에 우연히 동생이 관세음보살님으로 나에게 나투신 것이 아니고 무엇이랴.

이렇게 하여 묘소소송 건은 마음 편히 순조롭게 잘 풀려서 일이 해결 된 후에 남편에게 말했다. “지금까지 일 본다고 다니면서 보이지 않는 비용이 너무 많이 들었다. 그런 사소한 일로 매일 이야기 하다보면 당신과 나 사이에 얼굴 붉히는 일이 생기게 되기 때문에 말을 못했다”고 했더니, 남편의 말이 가관이었다.

“그렇잖아도 사흘이 멀다 하고 진주를 다니면서 쓰는 돈이 훤히 보이는데, 당신이 더 밝은 얼굴로 여유롭게 쓰고 다니기에 나는 이렇게 생각했다. ‘나 몰래 비자금 만들어 놓은 것이 있었구나’ 짐작했다”는 것이었다. 그러면서 남편은 “의논도 없이 돈을 빌려 쓴 것은 섭섭하지만, 처제한테 고맙다고 하고 빌린 돈을 돌려주라”고 하였다.

그때 남편이 생각 없이 건넨 말이 나로선 참 섭섭하였다. "남편이 마음 편히 직장 일에 충실하라고 그렇게 아내가 신경을 쓰고 다녔는데 아내가 비자금으로 쓰고 다니는 줄 알았다니… 말 한마디 따뜻하게 해주면 될 것을…" 혼자 중얼거리다가 말았다.

우리는 동생으로부터 빌려 쓴 돈을 남편과 의논하여 우선 본전만 돌려주었다. 동생은 지난해에 집을 샀다.

나는 동생에게 이렇게 말하였다. "너의 돈을 가져와서 나는 재산을 지키는데 큰 도움이 되었으나, 너는 그동안 계산을 하면 손실이 커겠다"고 했더니, 동생은 되레 "언니야 그 돈을 언니에게 빌려주고부터 장사가 얼마나 잘 되는지 언니한테 돈 보낸 게 복으로 돌아왔다"고 생각한다면서 활짝 웃었다. 그러면서 "언니 재산이 있지만, 그때 당장 현금이 필요한 시기였는데 내가 언니를 도와줄 수 있어서 너무 좋았다"고 했다.

나는 곁에서 진심으로 응원해 주는 동생 덕분에 나의 삶에 힘이 솟고 한층 여유롭다. 언니를 행복하게 해준 동생은 지금은 경남 사천시 곤명면 완사에서 '완사 아구찜집' 문 사장님이 되었다.

나는 그때 길을 가시던 도인 스님의 말씀대로 큰살림을 살고 있는 것 같다. 부처님을 만나 부처님의 큰 설법을 접하면서 편안하게 살고 있으니 이것이 큰살림이라고 믿는다. 그리고 늘 언니를 끔찍이 사랑해 주는 동생이 있어서 항상 마음 든든하고 주름진 얼굴에 맛사지 해주며 변함없는 마음으로 나를 사랑해주는 하나뿐인 동서가 있어서 행복이 두 배인 것 같다.

부처님 오신 날 대웅전 법당에서 법문하시는 주지스님

부처님 오신 날 지혜의 등불이
연록색 나뭇가지 사이로 비집고
멀리 우주법계로 비추어진다.

연지공원 앞에서 만난 노 할머니와의 인연

2001년 4월 20일, 그날도 국가기능자격증인 운전면허를 취득하기 위해 자동차학원을 다녀오는 길이었다. 시내버스에서 내려 경남 김해시 내동 연지공원 주변도로를 걷던 중 손수레에 폐지를 수집하여 수북하게 싣고 힘겹게 끌고 가는 할머니를 우연히 발견하게 되었다.

나도 모르게 할머니를 따라가게 되었는데, 무거운 손수레를 겨우겨우 움직여서 할머니가 혼자서 끌기에는 너무나 힘들어 보였다. 내가 뒤에서 밀면 도움이 될까 해서 손으로 밀었는데, 뒤에서 누군가 밀고 있다는 것을 느끼셨는지 금방 돌아보셨다.

그때 얼른 손수레의 운전대를 받아 끌어 주었다. 괜찮다고 할머니는 손사래를 쳤지만 나는 계속 손수레를 끌고 박스를 모아 두는 장소에까지 같이 갔다.

할머니의 거처는 아닌 것 같았다. 차마 그냥 돌아올 수 없어서 할머니가 생활하는 곳으로 따라가 보았다.

할머니는 팔순이 훌쩍 넘긴 기초수급자로 난방시설은 아예 없었다. 추운 겨울에도 다른 난방 없이 전기장판 하나에 의존해 생활하시면서 폐지를 수집한다고 하셨다.

폐지를 수집 일 년 내내 모으면 칠십만 원 가량 되는데, 더욱 놀란 것은 그 돈으로 할머니보다 더 어려운 이웃에 도움을 주는데 쓰신다는 말씀이었다. 그래서 조심스레 어떤 분들에게 전하는지 여쭈어 보았다.

할머니는 정부로부터 보조 혜택도 못 받고 있는 어려운 분이 많다고 하시며, 그런 분들을 돕는다고 설명하셨다. 그 후 그분을 따라 불우이웃돕기를 시작하였다.

정말 우리 주변에는 벽 하나 사이에 가려져 세상에 보여 지는 양지보다 보이지 않는 음지에 사는 어려운 이웃이 많다는 것을 보고 온 나는 그 어려운 환경 속에서도 자기보다 어려운 처지의 이웃을 먼저 생각하는 관세음보살님 같은 마음으로 한평생을 살아 오신 그 할머니가 존경스러웠다.

　그분의 생활신조를 잊지 않기 위해, 할머니와 인연이 되어서 김장이며 내가 할 수 있는 범위 내에서 불우이웃 돕기를 같이 하였다.

　그러는 몇 년 사이 정들었던 할머니는 세상을 떠나셨다. 그분은 종교생활을 하는 것도 아니고 아무런 신앙도 가지지 않은 분이신데, 언제나 깨끗한 백지 같은 마음을 실천하다가 가신 것이다.

　할머니와의 인연으로 사람의 마음가짐에 따라 세상을 바라보는 시각이 달라진다는 것을 알게 되었다. 물질적으로 부족하더라도 다른 사람을 배려하고 사랑하는 마음은 무한하다는 것도 동시에 알게 되었다.

　그러한 마음가짐으로 베푸는 마음은 맑은 하늘과 같은 것이다. 하늘은 막힘이 없고 조그마한 그림자도 없이 우리를 미소 짓게 만든다. 할머니 마음이 바로 그러한 맑은 하늘이셨다. 할머니가 아니었다면 내가 누구에게서 한결같은 마음으로 현실에서 실천하라는 가르침을 받을 수 있었을까. 그에 생각이 미칠 때마다 할머니와 인연이 예사로운 것이 아니라는 것을 새삼 깨닫게 된다.

이 봄의 산사 뜨락에 때늦은 함박눈이 내려 빈 화분마다 백화를 탐스럽게 피웠네.

연지공원

눈 덮인 명부전

이 팽나무는 수령 230년 된 보호수로 마을의 무운을 기원하는
당산제를 흥부암에서 지내고 있다.

위 고목 두 그루는 마을 분들과 함께 음력 12월 28일
마을의 무운을 기원하는 당산제를 지내고 있다.

코스모스 꽃밭속의 열차

추석을 닷새 앞두고 고향에 성묘도 미리 당겨서 하고, 시아버님이 심어둔 밤 산에서 쏟아진 알밤을 많이 주워서 차례 상에도 올리고, 이웃에도 나눠주자며 주말을 이용하여 아침 일찍 시골로 출발했다.

성묘를 하고 밤 산에서 알밤을 줍고 있는데, 뜻밖의 전화 한 통을 받았다. 다정한 혜명화(불명) 동생의 전화였다. "언니 지금 어디냐"고 물어서 성묘하러 진주 시골에 왔다고 했더니, 대뜸 "경남 하동군 북천면 '메밀꽃 코스모스 꽃 축제'에 가보라"는 것이었다. 동생은 "며칠 전 북천면 축제에 갔는데 너무 좋아서 언니 생각이 많이 났다"고 하면서, "진주에서 하동군 북천면까지는 거리가 얼마 되지 않으니 시골에 간 김에 시간을 내서 다녀오라"고 권했다.

혜명화 전화를 받고 나는 그만 어릴 적 추억이 생생한 동심의 세계로 빠져 들었다.

어릴 적 추석 명절 때쯤이면, 내가 다니던 초등학교에서는 가을운동회의 막바지 연습기간이라 온 동네 아이 어른 할 것 없이 축제 기분에 들떠있었다. 운동회 날이면 학생들 가족을 비롯한 구경꾼들이 몰려들어 운동장을 가득 메웠다. 그러다 보니 청·백전의 승패에 대한 관심이 많았다. 관심이 많은 만큼 학생들 사이에서는 미리 승패를 점치는 놀이도 즐겨했다. 지금도 기억에 생생한 것이 코스모스 꽃점이었다.

흰색 코스모스 꽃이 많이 피면 백군이 이기고, 핑크색 코스모스 꽃이 많이 피면 청군이 이긴다고 하여, 동심의 세계에서 코스모스 꽃이 가을운동회의 심사위원장 역할을 하기도 했다.

운동회 연습을 하면서 청군 백군 사이에 응원전이 불붙으면, 하룻밤 자고날 때마다 흰색과 핑크색 코스모스 꽃이 번갈아 없어지는 일도 생기고, 운동회가 끝나서 어느 한쪽이 지게 되면 상대방 빛깔 코스모스 꽃이 애꿎게

수난을 당하기도 했다.

이런 잊지 못할 추억이 있었기에 들뜬 마음은 이미 동심으로 돌아가 코스모스 꽃밭에 달려가 있었다. 밤산에 오를 때만 해도 탐스럽게 익어 떨어진 알밤에 눈을 맞추어 알밤을 줍고 가야한다는 생각에 젖어 있는데, 남편이 알밤은 나중에 줍고 성묘부터 먼저하고 오자고 재촉했다. 성묘를 하고 내려오는 길에 받은 그 전화 한 통에 나는 동심이 발동해서 알밤 줍는 것은 뒷전이고, 어린 시절 친구들과 놀았던 그곳으로 달려가 코스모스 꽃길을 걷고 싶었다.

양손에 들고 있는 떡을 어느 하나 놓치기 싫은 것이 어린 아이 마음이듯이 내 마음 또한 어린 날 그때처럼 어느새 가을바람에 하늘거리는 코스모스 꽃밭을 향하고 있었다. 나는 남편에게 코스모스 꽃 보러 가자며 졸랐다.

닷새 후면 고향 성묘객들이 떨어진 알밤을 주워 갈 것이고, 남은 알밤은 산 짐승들의 겨울양식이 될 것이라며, 밤 줍는 것은 그만두고 그냥 '메밀꽃 코스모스 꽃 축

제' 현장에 가자고 남편을 졸랐다. 남편도 은근히 가보
고 싶은 눈치였다. 우리는 탐스럽게 쏟아진 알밤과 밤송
이들이 아까워서 돌아보고 또 돌아보았지만 차를 돌려
단숨에 하동 북천 '메밀꽃 코스모스 꽃 축제' 현장으로
향했다.

가을 향기를 듬뿍 품은 코스모스 꽃밭이 한 고을을 가
득 메웠다.

마침 코스모스 꽃밭 속으로 달려오던 열차도 멈춰 섰
다. 그 전경이 코스모스 꽃과 어우러져 너무나 아름다워
서 한 폭의 동양화를 보는 듯하였다.

수십만 평에 달하는 코스모스 꽃밭이 정말로 아름답게
조성되어 있었다. 하얗게 내린 함박눈과 같이 흰 꽃이
만발한 메밀밭 또한 코스모스 꽃밭과 어우러져 그야말
로 장관이었다. 관광객마다 "우와" 하며 탄성에 탄성을
터뜨렸다.

여기에다 '신비의 터널' 에는 수세미, 조랑박, 밤, 호박
등을 비롯해서 이름 모를 관상용 유실수에 주렁주렁 달
려 있는 열매들도 너무나 탐스럽고 신비로웠다. 터널길

이가 몇 백 미터나 되어서 올 여름내내 '신비의 터널'을 만들기 위해 농민들이 얼마나 많은 땀을 흘렸을지 가히 짐작이 갔다.

이런 아름다운 풍경은 모두의 눈길을 사로잡았다. 축제 관계자는 지역의 특성을 제대로 살려서 지역토산품 판매 등을 통해 농촌경제를 활성화하고, 관광자원으로서 활용가치를 높여서 지역발전에 크게 도움을 주기 위해 매년 축제를 준비하는데 전심전력을 기울인다고 설명했다.

성묘를 하고 밤 산에서 알밤 줍기나 할 것이라고 생각해 준비도 없이 와서 헤어스타일이며 나들이옷이 제대로 갖추어져 있지 않아도 코스모스 꽃으로 왕관처럼 장식하여 카메라 앞에 포즈도 취해 봤다.

금강산도 식후경이라 했다. 배가 불러야 눈앞에 펼쳐진 풍경도 여유롭게 즐길 수 있을 것 같았다. 꽃밭에서 시작해서 유실수로 이뤄진 신비의 터널을 지나 풍물거리, 옛 기찻길을 거쳐서 마침내 먹거리 축제현장에 들어갔다.

식당마다 맛있는 음식 냄새가 관광객들의 후각을 자극했고, 각처에서 모인 사람들은 코스모스 꽃밭 풍경과 맛있는 음식에 취해 왁자지껄하며 흥겨운 분위기를 만들어 내고 있었다. 우리도 그 속에 끼어 향긋한 메밀향이 나는 메밀국수 한 그릇을 주문하여 먹으면서 흥겨운 축제 분위기를 만끽했다.

메밀국수는 그 지역의 향토 토속식품으로 천하 일미였고, 배불리 먹고 나서 코스모스 꽃구경을 여유롭게 즐겼고 풍경 또한 너무 아름다웠다.

아버님께서 내게 하신 "우리 며느리 맘대로 하고 살아라"는 말씀이 나에게 여유로움을 갖게 한 것 같다. 명절에 고향 성묘를 다녀오려면 길 위에서 하루를 보내는 번거로움을 먼저 해소하기 위해 성묘도 며칠 앞당겨 도로 사정이 좋을 때 다녀온다.

아버님이 심어놓은 토실토실한 알밤을 줍지 않고 철없이 꽃구경을 즐겨도 며느리가 행복하길 빌어주시는 아버님의 마음을 믿기 때문에 오랜만에 동심으로 돌아가서 옛 추억을 마음껏 즐겨보았다.

가을바람에 하늘거리는 코스모스 꽃의 색상이 저토록 아름다울 수 있다니
펼쳐진 십 만평 들판을 마음껏 즐기다 갑니다.

하얀 메밀밭에 앉은 꿀벌들은 무엇을 저토록 속삭이고 있을까.

어느 보살님의 꿈 이야기

2009년 3월 도관스님께서 흥부암 주지스님으로 부임하실 무렵, 어느 날 문수화(불명) 보살님이 꿈을 꿨다고 한다.

문수화 보살님이 꾼 꿈 내용은 이렇다.

임호산 흥부암 대웅전에 모셔놓은 관세음보살좌상을 동래 범어사로 모시고 간다는 말씀과 함께 그 자리에는 황금빛이 나는 굉장히 큰 석가모니부처님을 주지스님께서 모셔왔다고 하시면서, 그 부처님상 복장에 능인행이 여러 가지 불경을 사경한 것이라며 넣고 있더라는 것이다. 이를 지켜보던 문수화 보살님이 "능인행(불명), 무슨 사경을 그렇게 많이 했느냐"고 물어보니, 능인행이 "여러 가지 쓴 것"이라 말하면서 그 위에 성냥 세통을 올려놓고 복장 문을 닫으려고 하기에, 능인행이 올려놓고 남은 자리에 자신의 성냥 한 통을 넣고 문을 닫으려고 하다가 꿈을 깼다는 것이었다.

꿈을 꾸고 난 며칠 뒤 흥부암 종무소에서 꿈 이야기를 하시니까 종무소 보살님이 그 꿈 이야기를 받아 적어 나에게 건네주었다.

나는 문수화 보살님의 그 꿈 얘기가 맞는지 실제로 확인해 보았다. 사경한 4절지 화선지를 가로로 두 번 접으면 가로 길이가 큰 성냥 네 통의 크기와 같았다. 사경한 4절지 화선지 위에 내가 성냥 세 통을 올려놓고 보니 성냥 한 통 올릴 공간이 있었던 것이다. 나는 깜짝 놀랐다.

내가 평소에 부처님 경전을 사경하는 것을 한 번도 본 일이 없는 문수화 보살님이 화선지 크기를 말씀하시는데, 마치 옆에서 지켜 본 것처럼 말씀하셨다.

나는 작은 붓으로 일 년 365일 빠짐없이 사경한 화선지를 매당 두 번씩 접어 차곡차곡 쌓아 모아 두었다가 입춘절기에 태워서 회향을 한다. 이렇게 반복하기를 15년이란 세월이 지났다.

이렇게 하여 그때그때 마음에서 생각나는 대로 부처님께 편지를 쓴다. 부처님께선 세상에서 제일 편안하게 받아 주시기 때문이다. 어느 누구에게도 이런 사례 이야기를 하지도 않았는데, 어떻게 문수화 보살님 꿈에 선명하게 나타났는지 궁금하여 꿈 해몽 잘하는 사람에게 여쭈어 봤다. 능인행 주변 가까이 있는 사람을 통해 부처님이 계시는 것을 확인시켜주시는 것이라고 하였다. 그리하여 궁금증은 풀렸고, 그 꿈은 현실로 다가왔다.

어느덧 봄이 지나가고 팔월 초, 주지스님께서 법문을 하시면서 흥부암 대웅전에 모셔둔 관세음보살님은 다른 곳에 모시고 그 자리에 아주 장엄한 후불탱화 불사를 하신다는 말씀을 하셨다.

주지스님의 법문 중에 불사를 하신다는 그 말씀이 우연의 일치라고 해야 할까? 새로 부임하신 주지스님께서 불사과정을 말씀하시기 전에 문수화 보살님이 먼저 꿈을 통해서 불사과정을 알 수 있었다는 것은 흥부암이 영험한 도량이라는 것을 확인시켜주신 것이라고 믿는다.

시월을 곱게 물들이고

그 센 물결도 오늘만큼은 잔잔히 흐른다.

자비로운 마음으로 두 손을 모아 봅니다.

염화미소를 아시나요

  '부처님 오신 날' 행사를 마치고 전국 성지순례를 하자고 하여 서른두 명의 심신 있는 불자님이 동참하였다.
  지난 2010년 5월 25일 김해 임호산 흥부암에서 출발하여 양산 통도사 적멸보궁을 참배한 후, 강원도 설악산 봉정암을 향해 버스에 모두 몸을 싣고 떠났다. 장거리라 흔들거리는 차내에서 잠을 청하는 불자님도 많았으나 간간히 눈을 떠 창밖에 펼쳐지는 풍경을 감상하다 보니 어느새 강원도 설악산에 도착하였다.
  셔틀버스를 갈아타고 백담사 입구에서 내린 우리 일행은 신발 끈을 단단히 조여매고 봉정암을 향해 걷기 시작했다. 제일 먼저 다람쥐가 반겨주며 첫 인사를 했다. 심심산골이라 자연이 살아 숨 쉬고 있다는 것을 새삼 느꼈다.

오랜 시간을 걸어 올라가 봉정암에 도착하여 먼저 석가모니부처님 사리를 모셔 놓은 사리탑에 백팔 배를 올리고 저녁공양을 한 후 철야기도를 위해 대웅전 법당에 들어갔다.

스님들께서 두 시간씩 교대로 철야기도를 하고 계셨다. 자정이 지나서 법문을 하시는데 왠지 스님의 목소리가 귀에 익었다. 가만히 기억을 돌이켜 보니 6년 전인 2004년 여름에 이곳 봉정암 법당에서 나에게 절을 하라고 자리를 배려해 주셨다가 어떤 보살님과 말다툼을 하신 그 스님이셨다.

그때도 스님께선 "부처님의 온기를 느끼고 싶은데, 요즘은 질서없이 너도나도 찾아온 불자님과 등산객들에게 기본교리를 가르친다고 기도에 집중할 시간이 없어서 거룩하신 부처님의 온기를 느낄 수가 없다"시면서 "우리 서로 마음을 모아서 부처님 따스한 온기를 느껴보자"고 하셨다. "부처님 온기를 느끼면 행복할 수 있다"고 했다.

그동안 스님에 대한 고마움을 마음으로는 갖고 있었지

만 감사하는 마음을 전할 길이 없었다. 너무나 반가운 마음에 그날 밤 스님 법문하시는 목소리를 듣고 나는 자리에서 벌떡 일어나 스님에게 삼배를 올리고 "지난 2004년 집안의 중요한 일로 이곳 봉정암에 기도하러 왔을 때 스님께서 저를 특별히 배려해 주시어 그 은혜와 감사함을 늘 마음으로 잊지 않고 있습니다."라고 말씀을 올렸다. 고마움을 표시하고 나니 마음이 한층 가벼웠다.

그리고 "그때 스님의 배려하에 천팔십 배의 절을 올리면서 나의 타는 목을 적셔 주기 위해 옆에서 지켜보고 있던 한 보살님이 어두운 법당을 헤집고 나가 손잡이가 있는 바가지에 물을 떠와서 마시게 해준 그 보살님의 은혜를 갚아야 하는데 찾을 길이 없다"는 이야기를 했다.

일행 중 덕명심(불명) 보살님이 옆에서 나를 지켜보고 있다가 "능인행 언니 그 보살님은 찾기가 어려울 겁니다. 마음에 담아두지 마세요."하면서, "봉정암 카페에 들어가서 '지난 2004년 여름에 어두컴컴한 법당을 헤집고 나가 손잡이가 달린 바가지에 물을 떠와 건네주신 그때 그 보살님을 찾습니다.' 라는 글을 올려보라"고 권해 주었다.

덕명심 보살님이 권유해 주는 덕분에 내가 몰랐던 새로운 정보를 하나 얻게 되었다. 앞으로는 여러 카페에 들어가서 글을 올려 보겠지만, 『부처님 만나서 행복해요』란 제목의 이 책이 그분에게 전해져서 그분이 나를 찾아주시게 된다면 더욱더 감사할 일이다. 그래도 나는 그 스님에게 삼배를 올리고 "감사합니다"라는 말씀을 드리고 온 것만 해도 마음의 빚을 조금이나마 갚은 것 같다.

이렇게 봉정암에서 하룻밤을 지내고 다음날 강원도 오대산 상원사 중대 사자암을 참배하고 월정사 전나무 숲을 경유하여 정암사에서 참배한 후, 마지막 참배지인 법흥사에 도착하여 우리 일행은 하룻밤 지낼 방사에 짐을 풀었다.

법흥사 대웅전 법당이 비가 새어 보수공사 중이라며 출입을 금하였다. 천일기도 중인 스님은 법당이 아닌 비닐천막을 만들어 간신히 한 사람이 절할 수 있는 공간에서 독경하는 목소리와 함께 목탁소리가 장엄하게 울려

퍼져 고요한 산천을 쩡쩡 울렸다.

그곳에서 잠시 기도스님의 법문을 듣고 약사전 저녁기도 시간이 되어 집전 스님과 함께 기도를 했다. '약사여래불' 정근을 얼마나 하셨는지 스님께서는 목이 쉬었다.

우리도 '약사여래불' 정근을 지극정성을 다해 정진했다. 기도를 함께 하신 스님이 마치고 나가시면서 우리 일행 가운데 한 보살님을 보고 "보살님은 위가 안 좋으니 찰밥을 해 먹어라"고 하시고는 어간문으로 나가시는데, 보살님들이 너도 나도 할 것 없이 달려들어 스님의 가사장삼을 붙잡고 법당으로 다시 모셨다.

보살님들이 아픈 곳을 털어 놓고 처방을 달라고 하니, 스님은 약을 처방하시는 것이 아니라 그 사람에 맞는 식품을 말씀해 주시는데, 식품처방은 사람마다 모두 달랐다. 각자 체질에 맞게 가르쳐 주셨다. 그리고 적멸보궁을 찾지 말라는 것이 아니라 가까운 도량에서도 얼마든지 마음자리를 챙길 수 있는데 꼭 먼 길을 와서 할 필요는 없다는 말씀도 하셨다.

약사여래불 기도스님이 성지순례 왔다고 하는 불자들

을 보고 좋은 덕담을 해주고 싶어서 체질에 맞는 음식을
섭취하라고 가르쳐 주시면서도 마음을 닦으라고 하신
것은 그 자리에서 스스로 생각하도록 따끔한 법문을 하
신 것이라고 생각되었다. 이렇게 좋은 법문을 듣고 왔으
니 3박4일 성지순례로 인해 마음을 한 번 더 챙겨보는
기회가 되었다.

다음날 아침 여덟 시에는 어른스님께서 날마다 백팔
배를 하시는 시간이라고 하셨다. 우리는 어른스님과 함
께 절을 하기로 했다. 절을 다하고 조용히 앉아 있으니
어디서 왔느냐고 하시며 법문을 해 주셨다.

나는 백팔 배를 백일동안 하면서 회향날이 6월 10일이
었는데, 회향을 며칠 남겨두고 적멸보궁에서 어른스님
과 백팔 배를 올리게 되어 나에겐 신심을 더욱더 돈독히
하는 계기가 되었다.

아침에 일어나면 전기밥솥을 만들어 낸 사람들을 위해
감사의 목례를 하고 저녁이면 세탁기를 만들어 낸 사람
들을 위해 감사하게 생각한다. 이렇게 편리하게 만들어
주어 너무 편하게 살고 있다. 이 외에도 하나하나 살펴

보면 참 고마운 것들이 많다. 전기밥솥은 버튼만 누르면 고슬고슬한 밥이 얼마나 맛있게 되는가. 태울 염려도 없고 이 밥솥을 향해 제일 먼저 감사의 인사를 하고 난 후, 하루를 시작한다.

마음의 뿌리를 튼튼히 한 후 도량에서 입은 은혜를 갚기 위해 백일기도를 했고 드디어 백일기도를 회향하는 날이 왔다. 법당에서 염주를 돌려가며 절을 하면서 염주 돌리는 소리가 옆에서 기도하는 사람에게 누가 될까 봐 신중하고 침묵해야 한다. 그렇기 때문에 그 기도시간 만큼은 기도스님의 예불시간에 맞춰 정근하면서 숫자에 얽매이지 않고 절을 하기로 마음을 가다듬고 서서 마음을 한곳에 모으는 순간 뜻밖에 나는 횡재를 만났다.

한 도량에서 기도하는 보명주(불명) 보살님이 법당 안 신중 전 앞에서 기도를 하다가 무슨 생각에서인지 갑자기 방석을 들고 법당 안 부처님 정면을 서슴없이 지나와 안쪽에서 기도하던 내 옆으로 와서 손에 백팔염주를 들고 관세음보살님 정근에 맞추어 절을 시작하는 것이었다.

나 자신을 위해서 백팔 배를 백일동안 한다고 누구에게 말한 적도 없는데, 오늘따라 보명주 보살님이 내 가까이 다가와 보내주는 그 미소에 그냥 기분이 좋았다. 나는 '이런 횡재가 있다니' 마음속으로 생각하고 호흡을 맞추어 같이 절을 하기 시작하였다.

백팔 배의 절을 다하고 난 후 보명주 보살님의 첫 말씀이 "염화미소를 아시나요?"하는 말에, 나는 "예, 알고 있습니다." 라고 대답했다. 오늘 기도 중에 "당신과 나는 하나였다"는 뜻이었다. 역시 도반이 중요하다고 보낸 웃음이었다고 한다.

나 역시 백팔 배에 의미를 담아 시작한 백일기도 회향이 오늘이라 집에서 마쳤지만, 대중 기도시간에 한 번 더하고 싶었으나 주변을 살핀다고 망설이고 있었다. 그런데 보명주 보살님이 내 옆에 와서 절을 시작하니까 순간 고마운 마음으로 같이 하다 보니 이심전심으로 마음이 일치하여 신심이 나서 절을 올린 것이었다.

법당에서 함께 기도한 수월심(불명) 보살님이 우리 두 사람이 그날 나란히 서서 기도하는 모습을 보고 평소에 보지 못한 분위기라며 보여주신 티없이 맑은 수월심 보살님의 웃음이 늘 가슴에 남아 있다. 극락화 보살님의 말씀에도 보궁 다녀와서 분위기가 좋아진다고 하시며 공부들 열심히 하라고 덕담을 해 주셔서 가슴 깊이 새겨봅니다.

염화미소(拈華微笑)란?

【불교】 말로 통하지 아니하고 마음에서 마음으로 전하는 일.

　　석가모니 부처님께서 영산회(靈山會)에서 연꽃 한 송이를 대중에게 보이자 마하가섭 존자만이 그 뜻을 깨닫고 미소 지으므로 그에게 불교의 진리를 주었다고 하는데서 유래한다.

　　《비슷한 말 : 염화시중》

진리의 길을 가는 자유로운 사람

축복은 안으로부터 솟아나오는 것이다.

선행이 잘 익어서 수난을 극복하는 그날이 올 것이다.

시누이 전화

  지난 5월 7일 아버님 기제 음식을 만들어 놓고 잠시 쉬고 있는데, 작은 시누이로부터 전화가 걸려왔다.
  "언니 오늘 수고가 많지요."
  오랜만에 듣는 인사였다. 못가서 미안하다며 집안 식구들 안부를 일일이 물었다. 묻는 사람마다 잘 있으며 다들 편안하다고 하자, 그동안 언니에게 밀리고 쌓인 이야기 한다고, 못다 한 이야기보따리를 풀어 놓는데 끝이 없었다.
  이쯤에서 나도 부처님 말씀을 전해야 되는데, 시누아씨님은 하나님을 믿는 크리스천이라 대화중에 부처님 이야기를 하다 보면 자칫 절정에 오른 대화가 끊어질까봐, 부처님 이야기를 못하고 듣고만 있었다.
  지나온 옛날이야기를 하면서 시누이는 "나도 고등학

교 1학년 된 아이 엄마로서 세상을 좀 살았다고 요즘엔 언니 생각을 한 번씩 한다"는 이야기도 했다. "우리가 엄마의 사랑을 받지 못한 애정결핍으로 죄 없는 올케언니를 힘들게 했다는 생각이 든다"는 이야기도 했다.

그러면서 시누이는 "언니야, 나이가 더 들기 전에 이제부터라도 예쁜 옷 곱게 차려입고 문화생활 즐기면서 조선시대 여인이 아닌 현대인으로서 언니의 멋과 여유를 마음껏 즐겨라"는 이야기까지 했다.

시누이의 말에 나는 이렇게 말했다.

"내가 지혜가 부족하여 여러 사람을 만족시켜 주지 못한 과거에 대해 항시 미안한 마음을 갖고 사는데, 따뜻한 말을 해주니 그동안 만족스럽게 못해준 올케 입장에선 미안한 마음과 함께 아씨가 더욱더 우러러 보인다"고.

불만을 털어 놓으려면 밤을 지새가며 해도 못다 할 사연들이 얼마나 많겠는가?

지난 삼십년을 뒤돌아보면 집안에 구심점이 되어 중심을 잡아서 교통정리를 해주는 사람이 필요한 시기에 서로 사랑에 굶주려서 받기만 하려고 했으니 정말 어려움이 적지 않았다.

시누이가 어렸던 시절 올케 언니로부터 사랑받고 싶은 마음이 얼마나 애절하였을까를 생각하면 가슴이 아프지만, 나로서도 해줄 수 있는 한계를 느끼지 않을 수 없었다.

그런 불만들을 다 삭히기까지는 세월이 말해주는 것 같다. 지나고 보니 그때 내 몸 하나로 사랑을 나누어 주며 일을 볼 수 있는 것이 한계였다.

어린 시동생들이 공부한다며 집을 떠나 학교를 다니고 있을 때 김치 등 밑반찬 한 번 제대로 해서 챙겨주지 못한 것이 늘 마음에 남아있고, 시동생들도 그것이 그때는 정말 섭섭했다고 한다.

그때는 시골농사 지은 수입으로 모든 생활을 유지하는 시기였다. 틈나는 대로 시골 가서 일 해주는 것이 내가 할 수 있는 최선의 방법이라 생각했다. 그래서 김해서 마산까지 나가서 다시 마산서 진주까지, 진주서 미천 상미까지 차를 몇 번씩 갈아타고, 아이 업고 다니면서 나 딴에는 한다고 해도 어느 곳 한군데 보탬이 된다는 표시가 나지 않았다. 그러다 보니 나는 지쳐서 '이 시집살이에서 벗어나고 싶다'는 어리석은 마음에 친정에 가겠다고 집을 나온 것이 현재 내가 다니고 있는 임호산 흥부암을 찾게 되었던 것이다. 그 일이 오늘에 이르러서는 행복의 텃밭이 되었지만 말이다.

정말 글로써도 표현할 수 없는 지난 사연들이 너무나 많다.

지금에 와서 뒤돌아보면 지난 세월동안 가족 모두가 나름으로 최선을 다해서 살아 왔다고 생각한다. 그때는 너무나 열악한 환경에서 살다보니 모두가 서로를 원망하기도 했지만 말이다.

부처님 법을 접하면서부터 그 환경을 누구의 탓으로 돌릴게 아니라는 것을 알게 되었고, 먼 길을 천천히 걸어가야 되겠다는 생각을 하게 되었다. 그래서 사랑이며 물질이며 모든 것에 갈증을 느끼지 않는 이가 없는 가족이지만, 내 나름으로 우선순위를 정해 챙기기 시작하였다.

나는 시아버님의 마음을 편하게 해드리는 것이 먼저라
고 생각했다. 그러다 보니 형제분들을 챙길 수 있는 마
음의 여유가 없었다. 사실 아버님 마음을 편하게 해드리
면 그 안에 가족들의 마음이 다 같을 것이라 여겼는데,
형제들이 바라는 마음은 개개인이 다 달랐다.

그런 마음들을 다 채워주지 못하고 세월이 흘렀다. 세
월이 흐르는 동안 서로를 조금씩 돌아보는 마음의 여유
도 생긴 것 같다. 종교는 달라도 큰 길은 하나로 통하는
모양이다. 하나님께서는 '사랑'을 가르치셨고, 부처님께
서는 "너 스스로 깨달아서 행복을 찾아라"는 큰 법을 남
기셨으니까.

시누이와 둘이서 통화를 하면서 예전에는 항시 원망과
서러움이 쌓여 서로 불평을 감추고 형식적으로 인사를
해오던 것과는 달리 시누이의 마음이 활짝 열려 진심으
로 이야기하고 있다는 것을 느꼈다.

이 이야기 저 이야기 끝에 시누이가 "언니 나는 요즘
오십견이 와 전신만신이 아파 치료를 좀 받고 있다"고
말하기에 나는 "오십견, 모두다 갱년기 혈액순환에서 오

는 증상이니 처방 하나를 가르쳐 줄 테니 열심히 해보라” 면서 법흥사 약사여래 기도스님이 알려준 처방을 알려주었다.

손목만큼 둥근 막대기를 양팔을 짝 펴고 팔이 펼쳐진 위치의 등줄기에 깔고 베개를 베듯이 하여 지압을 해주고, 머리에도 요령으로 지압을 하면서 아래로 쭉 내려와서 발목 뒤쪽 잘록한 부위를 비벼주면 온 몸의 혈액순환을 잘되게 해준다는 것이다.

시누이는 그 처방에는 관심도 없고, 아버님의 과거에 대해 이야기를 꺼냈다. “언니야, 지나고 보니 우리 아버지가 참 큰 삶을 살아오신 분이고, 위대하신 아버지가 계실 때는 너무 몰랐다”고 하여 그 이야기 끝에 나는 글을 쓰고 있는 일을 말하였다.

“지금 아씨님이 이야기 하고 있는 그 내용을 글로써 표현 책을 내려고 하고 있는데 마무리 작업 중”이라고 했더니, 시누이의 이야기가 또한 걸작이다.

“언니가 글월 ‘문’ 씨이니까, 언니 성이 좋아서 글쓰기를 좋아하군요”했다. 나는 시누이 말에 “맞다”고 맞장구를 치면서 오랜만에 나는 푼수 짓을 해 봤다. 서로 재미 있는 이야기가 이어졌다.

"보살 행위를 할 때 부르라고 붙여 놓은 불명인데, 나는 보살다운 행을 제대로 못하고 있는데도 사람들이 쉽게 성을 붙여서 '문 보살' 이라고 불러주고 있다. '맞구나' 성씨가 문가라서 부르기가 좋아 한 도량의 아우님들이 나를 부를 때도 '문 언니' 라고 불러주는구나. 최 언니보다 '문 언니' 하니까 더 잘 어울리지"하면서 시누이와 오랜만에 오래 수다를 떨었다.

예전에는 아버님 기제일이 불평불만으로 가득차서 서로 불편하게 여기던 시간이었는데, 이제는 그런 마음을 뛰어넘어 서로를 위로하고 격려하면서 시아버님을 기억하고 가족의 소중함을 기리는 시간이 되었다.

세상만사 한번 크게 웃고 볼일

마음의 등불

완성된 삶을 향해 걸어가는 불자님

행복한 제목

어느 봄날에 그동안 준비한 원고를 들고 내가 다니는 기도도량 임호산 흥부암 주지이신 도관스님께 책의 제목을 지어달라고 청을 올렸다. 글재주도 없는 내가 책을 펴내겠다는 뜻을 사전에 말씀을 드리고 임호산 흥부암 도량에 잘 어울리는 제목으로 정해 주시도록 간청을 드린 것이다.

부처님의 은혜를 갚겠다고 서툰 글 솜씨로 여러분들에게 어떻게 펼쳐 보여드릴까 하고 많이 망설이면서도 '노력하는 자에게 부처님의 빛이 나투어진다고 했지 않았는가?' 하고 용기를 내어 봤다.

비록 글 솜씨는 없지만 내가 받은 은혜를 이렇게라도 갚으려고 하는 간절한 나의 마음을 부처님께서 알고 계셨기 때문에, '부처님 만나서 행복해요' 란 책 제목을 주지 스님으로부터 받았다. 책 제목을 받아보는 그 순간 이것이 꿈인지 생시인지 나는 너무나 감격스러워 환희에서 한동안 벗어날 줄 몰랐다.

소감을 어떻게 표현해야 할까하고 아무리 생각해도 적절하게 비유할 데가 없었다. "정말 감사합니다." 스님께서 지어주신 책의 제목이 나에게 정말 잘 어울린다.

나는 부처님 만나서 행복한 생활을 만들어 가고 있다. 어린아이처럼 설레는 마음으로 책의 제목을 기다리며 바짝 긴장하였는데, 내 마음을 다 담은 제목을 받아서 얼마나 기쁜지 모른다. 평소에도 '내가 부처님을 만나서 여유로운 삶을 누리고 있구나.' 하는 생각을 많이 하고 있기 때문이다.

말을 조리 있게 못하여 행여나 부처님의 큰 법에 상처를 내지 않을까 조심되어 말을 함부로 못하는 것에 대한 죄송한 마음에 글을 써 보지만, 글 역시 마음을 고스란히 전달하기에는 부족한 점이 많다.

부처님 법을 잘 배워서 나뭇가지 하늘거리는 창밖을 내다보기도 하고 서로의 눈빛을 바라보면서 차 한 잔을

손에 받쳐 들고 좀 더 우아하면서도 여유로운 말로써 은
혜를 갚는 좋은 이야기를 하여야 더욱더 정답고 자연스
럽지만, 이렇게 서툰 글로써 표현하려고 하는 마음을 스
님께서 아시고 좋은 제목을 지어주신데 대하여 깊이 감
사드립니다.

자유로운 풀꽃처럼

도와 차가 머물고 있는 곳

행복은 내가 만들어 가는 하나의 작품인 듯

깨 풍년이 들었다

2010년 6월 23일 새벽 3시 30분 전 세계의 이목이 남아공 더반 월드컵경기장에 집중된 가운데 새벽에 날아든 승전보에 전 국민이 잠 못 이뤘고, 너무도 가슴 벅찬 환희의 순간을 만끽하였다고 생각한다.

우리 태극전사들은 온 국민이 보내준 성원에 힘을 얻어 저마다 개인기량을 발휘하기 시작하면서 우위를 차지해 나갔다. 그러나 접전이 계속되는 속에 천당과 지옥을 오가는 위기를 여러 번 겪기도 했지만, 56년 만에 원정 첫 16강 진출이라는 영광을 국민들에게 안겨주었다.

경기하는 그 순간만큼은 우리 국민들이 하나 되어 선수들에게 보내준 응원 열기는 세계를 놀라게 했다. 경기 중에 응원하는 그 에너지의 열기 속에 엔도르핀이 생겨 우리의 정신건강에도 큰 도움이 되었음을 피부로 느꼈을 것이다.

남편은 평소 직장에서 업무상 취급한 일은 집에 오면 자물쇠를 채운 것처럼 말이 없다. 표정을 보고 좋은 일인지 궂은 일인지를 알아채야 했다. 다림질한 근무복을 입고 출근한 옷차림과 퇴근할 때 옷차림을 통해서도 그날의 일과를 대충 알 아 내기도 한다. 심한 경우에는 잠꼬대로 그날의 일과를 줄줄 엮어 주어서 짐작할 때도 있다.

오늘은 환하게 웃으며 조용하고 부드러운 목소리로 지구대 손님이 많이 왔다며 직장에서 일어난 사건 사고소식 등을 들려주었다.

나는 진짜 외부에서 손님이 많이 찾아 온 줄 알고 "어디서 손님이 왔느냐"고 하였더니, 새벽 축구경기를 응원하고 한잔 마시고 그 취기로 인한 시비 손님이라고 했다. 16강 진출경기를 응원하다 일어난 일이라서인지 "특별 손님"이란 호칭으로 이야기를 하는데, 남편이 기분 좋은 분위기에서 농담을 하면서 어찌나 부드러운지 '무

슨 말부터 걸어볼까' 하고 순간 많은 생각을 했다. 그동
안 바가지도 마음 놓고 제대로 긁어보지 못했는데, 이렇
게 기분 좋은 날은 그동안 밀린 바가지 한번 빡빡 긁어
도 부처님 마음으로 너그럽게 받아 줄 수 있으리라 생각
되어서 바가지 긁을 일을 곰곰 생각해 보았다.

갑작스레 생각하자니 떠오르지 않았으나 절호의 찬스
인데 놓칠 수가 없다고 생각했다. 그동안 글을 쓴다고
매일 컴퓨터 앞에 앉아 있는 시간이 많아서 옷장정리 할
시간적 여유가 없었다. 그럴 때마다 남편은 혼자서 찾아
입으면서 말은 없어도 짜증스런 표정을 보일 때가 더러
있었다.

나는 모른 척하고는 컴퓨터 앞에 앉아서 손가락 두 개
로 자판을 두드리며 내 마음을 글로 표현하며 수정하는
데만 온 정신을 몰두하다 보니, 사실 주부가 해야 할 일
을 소홀히 하는 경우도 없지 않아서 남편보기 미안할 때
가 많았다.

하루 빨리 쓰던 글을 마무리 하고 주부로서 할 일을 잘
챙겨서 남편과 얼굴을 편하게 마주하고 싶은 마음이 굴

뚝같았다. 그런데 남편은 이런 내 마음도 모르고, 살림은 뒷전인 채 글만 쓰고 있는 것처럼 오해를 하고 있는 것이 여실히 눈에 보인다. 그렇지만 어쩔 도리가 없어서 꾹 참고 마무리 작업을 하고 있는 것이다.

모처럼 남편 기분이 좋은 날을 맞아서 그동안 밀어두고 있던 주부로서 하지 못한 일들에 대해 도움도 청하면서, 글을 마무리 하고 나면 옷장도 깔끔하게 해줄 테니 조금만 참아달라고 부탁을 했다. 기분이 고조되어 있던 남편은 나의 말이 떨어지기도 전에 "옷장에 있는 옷은 내가 알아서 챙겨서 입을 테니 내 눈치 보지 말고 잠이나 좀 자가며 하라"고 넉넉한 보너스 멘트까지 던져준다.

글재주도 없는 아내가 부처님의 은혜를 갚겠다고 글을 쓰는 모습이 안쓰러워 보였던 것일까. 평소 없던 농담어린 말로 "손가락 두 개로 깨 타작 한다고 수고가 많다"고 말을 건네는데, 남편을 만나고 두 번째로 듣는 유머러스한 말이다.

첫 번째 말은 몇 년 전 어느 가을에 창원을 다녀온 남편이 "창원도청 앞에 가을 단풍이 곱게 물들어 낙엽이 우수수 떨어지는 것이 가을이 왔다는 걸 실감을 했다"고 말한 적이 있는데, 이것이 남편을 만나고 처음 들어본 유머러스한 말이었다.

이번 한국축구의 16강 선물은 전 국민뿐만 아니라 남편에게도 진한 감동을 안겨주었다. 그러한 감동이 아내가 두 손가락으로 컴퓨터자판을 두드리며 하는 작업을 안쓰러워하며 "손가락 두 개로 깨 타작 한다"는 유머러스한 말을 하도록 해 주어 나 자신까지도 감동의 물결을 타게 해주었다.

오른손 손가락 하나 왼손 손가락 하나, 두 개의 손가락으로 두드리고 있으니 안쓰럽게 보일만도 하다. 평소에 아기자기한 데가 없는 남편이 양념처럼 던진 말이 정말 유머러스하게 들렸다. 삼십년 만에 두 번 들었으니 앞으로도 기대해 볼만하다. 그리고 깨풍년이 든 날이라서 '날마다 이런 날 되소서' 마음으로 빌어 본다.

처마 밑에 있는 그릇마다 하얀 눈이 선물되어 담겨 자연의 순리를 따르고 있다.

벌들은 꽃을 해치지 않고 꽃가루만 물고 간다.

멀리 갈 사람은 천천히 걷는다.

글을 마무리하면서

여러 불자님…

지금까지 제가 살아오면서 부처님으로부터 많은 것을 받아 왔습니다. 그리하여 앞으로라도 그 은혜를 조금씩 성실히 갚아 나가려고 합니다.

이렇게 저에게 주신 가피를 혼자 새겨서 가슴에 묻어 두고 살아가기엔 너무나 아쉬워서, 이를 지면으로라도 조금이나마 남기고 싶은 마음에 부족한 글이지만 이렇게 펜을 들었습니다.

두서없고 매끄럽지 못한 글 솜씨를 널리 이해해 주십시오. 그래도 찬찬히 읽어주시고, 내용에 조금이라도 공감해 주신 마음 감사드립니다. 이것으로 저의 소박한 이야기를 마무리 하겠습니다.

　저의 부족한 마음이 친정 부모님을 당황스럽게 했지만, 그래도 시아버님의 사랑을 듬뿍 받는 며느리가 되게 해주신 것은 부처님의 믿음이 있었기에 가능하지 않았나 하는 생각을 하여봅니다.

　거룩하신 부처님께 감사드립니다.

임호산 흥부암의 만추

부처님 만나서 행복해요

2010 ⓒ문지욱(능인행)

감　수 | 도관 스님
글,사진 | 문지욱 (능인행)
발행인 | 서정옥 (문수화)

인　쇄 | 2010년 10월 25일
발　행 | 2010년 10월 30일

편　집 | 금정기획
출　판 | 까치원색인쇄사
등　록 | 2010년 2월 23일, 제2010-000004호
주　소 | 부산광역시 중구 중앙동 3가 19번지 4호
　　　　금호빌딩 201호
전　화 | (051)464-0514

※ 이 책은 저작권 법에 따라 보호를 받는 저작물이므로 무단전재와 복제를 금지하며,
　이 책 내용의 전부 또는 일부를 이용하려면 저자의 서면동의를 받아야 합니다.

값 8,000원

ISBN 978-89-964141-3-1　03220